D1825308

Dernière marche avant l'abîme

Chroniques de la France vue d'un français de l'étranger

Frédéric Morlaye

Dernière marche avant l'abîme

Chroniques de la France vue par un français de l'étranger

« *Le vice inhérent au capitalisme consiste en une répartition inégale des richesses. La vertu inhérente au socialisme consiste en une égale répartition de la misère »*, Winston Churchill

Depuis la fin 2007, le monde s'est retourné. L'Ancien monde a implosé avec la faillite retentissante de l'un des symboles de la finance conquérante, en entraînant dans son sillage celle des utopies universalistes occidentales. Après le socialisme qui devait libérer l'homme de ses chaînes et le prolétaire de l'asservissement des possédants ; après la fin de l'Histoire et le début de la suprématie de l'économie financiarisée, l'Etat Providence à l'européenne subit de plein fouet le choc de la réalité. La réalité. Celle que l'on cache lors des campagnes électorales, ou qui n'apparaît qu'en filigranes, entre deux polémiques stériles créées par les médias en manque d'audimat, lorsqu'elles ne sont pas, parfois, suscitées habilement par des candidats qui savent mieux user et abuser les journalistes qu'ils n'y paraissent. L'Etat Providence, celui qui soigne à égalité les citoyens et qui éduque gratuitement ; l'Etat Providence qui indemnise le chômeur des années durant et qui verse une retraite aux personnes âgées. On nous l'envie, particulièrement en France où l'hôpital accueille tout le monde, déployant les traitements les plus onéreux y compris aux vieillards, leur permettant de retarder la fin de leurs jours de quelques mois.

L'Etat Providence nous semble être, en France, l'aboutissement du développement économique et social et du modèle européen de civilisation – enfin, du modèle de civilisation tout court devrait-on dire en toute modestie. La nuance est en effet de poids, dans la mesure où, après près de deux siècles d'européocentrisme (l'Europe étant le terme générique pour l'Occident en fait ici), nous avons fini par croire que notre modèle de civilisation était tellement universel qu'il finirait par tout englober, au nom de la supériorité morale de nos valeurs bien entendu. Hélas, la faillite est double et d'autant plus cruelle. Faillite financière de notre modèle social tout d'abord, qui a cru pouvoir faire fi des règles économiques de saine gestion et s'appuyer sur la dette pour régler les ardoises que notre déclassement économique a créées. Et puis faillite de nos valeurs, attaquées de l'intérieur par les spécialistes du relativisme culturel, secte aux relais médiatiques aussi impressionnants qu'elle est ultra-minoritaire ; et attaquée de l'extérieur par le redressement des grandes civilisations jadis soumises aux dictats occidentaux : la Chine, l'Inde, le Moyen-Orient... Tous ces pays, riches parfois de millénaires d'histoire et d'érudition, de coutumes fortement ancrées et de normes de valeurs différentes des nôtres, ont subi à partir du début du 18ème siècle la domination militaire, économique puis culturelle de l'Occident. En ne disant rien. En encaissant. Pour mieux se relever, le jour où leur infériorité économique se sera éclipsée.

La Chine s'est éveillée. Mais elle n'est pas la seule. L'Inde, la Russie, le Moyen-Orient, et même les anciennes colonies sud-américaines, à l'identité plus jeune, comme le Brésil ou l'Argentine relèvent la tête, encouragés par leurs performances économiques inédites. Ces pays nous montrent non seulement qu'ils peuvent rivaliser avec nos vieilles économies industrielles et que notre avance technologique ne nous protège plus. Mais ils nous montrent également qu'ils ont pu se développer sans adopter – totalement – les valeurs occidentales que l'on pensait universelles et que nous avions appris à dominer, forts de les avoir créées. A notre grande surprise, la Chine n'a pas rompu avec 5 000 ans d'Histoire pour renaître un nouvel avatar de notre civilisation judéo-chrétienne. Et finalement, ces grands pays émergents, qualifiés trop souvent à tort de pays en voie d'industrialisation (il vaudrait mieux les qualifier de nouveaux pays industrialisés parfois, en opposition aux pays européens qui seraient les anciens pays industrialisés) ont finalement su jouer de notre création, la mondialisation financière, pour prendre l'ascendant sur nous. Le système mis en place au cours des 30 dernières années devait faire perdurer notre domination occidentale, en généralisant nos valeurs humanistes et notre organisation économique capitaliste pour recréer une nouvelle colonialisation économique plus insidieuse que la colonialisation du 19ème siècle. Ce système a échoué aussi. Ou plutôt il a trop bien réussi dans la mesure où il a permis le rattrapage économique le plus rapide dans l'histoire de l'humanité des grands pays émergents, Chine en tête, dont le revenu par tête a été multiplié par 10 en dollars constants depuis 1978. Personne n'avait réellement anticipé ce décollage économique et personne n'a cherché à l'endiguer pour être honnête, fort heureusement. Voir plus d'un milliard de nouveaux consommateurs sortir de la misère était trop tentant pour nos propres industriels, en panne sur des marchés européens matures où les taux de croissance stagnaient depuis des décennies autour de 1,5 à 2% par an, soit à peine de quoi maintenir le niveau de vie de la population. Ce milliard d'êtres humains avait besoin de tout, et surtout de tout ce qui pouvait être fabriqué par nos grandes entreprises. Tout du moins le croyions-nous.

Cette stratégie a d'ailleurs parfaitement fonctionné pour être honnête. Il n'est qu'à aller à Shanghai pour être subjugué par la pénétration de certains fleurons de nos économies industrielles. Les grandes enseignes de fast-food disposent en Chine de plusieurs milliers de boutiques. Les voitures allemandes et parfois françaises pullulent sur des réseaux routiers archi-saturés. Nos grandes entreprises de BTP se taillent la part du lion dans des villes qui sont désormais tentaculaires et qui abritent des dizaines de millions d'habitants. Les aéroports chinois sont littéralement recouverts de Boeings et d'Airbus.

Des succès, il y en a eu naturellement. Mais à quel prix ? Les délocalisations industrielles ont coûté près d'un million d'emplois en France depuis 1998. Notre part dans les échanges internationaux a chuté de moitié, au bénéfice essentiellement de la Chine et de quelques autres pays nouvellement industrialisés, et d'un quart au sein de la zone euro depuis cette même date (histoire d'illustrer une fois pour toute que l'euro n'est pour – presque – rien dans notre déclassement commercial). L'ouverture non dominée des frontières économiques et commerciales a entraîné une saignée sans précédent dans nos bassins industriels. Est-ce la faute de la Chine ? Peut-on lui reprocher d'avoir voulu se développer en usant, et parfois abusant, de son principal avantage comparatif, à savoir sa main d'œuvre bon marché et illimitée. Et d'ailleurs, est-ce suffisant ? L'Allemagne, confrontée à l'évidence au même jeu concurrentiel, a tenu bon et reste le principal exportateur mondial, avec un chômage historiquement bas.

Le prix payé est réel et illustre surtout l'absence de stratégie industrielle cohérente depuis 30 ans. De grands choix économiques et commerciaux ont été fait au niveau de l'Europe sans que la France (et quelques autres pays avec elle) n'en tire toutes les conséquences en matière d'organisation industrielle et sociale. Depuis 30 ans, la France a joué un jeu totalement schizophrène. Au sein des instances européennes ou des organisations internationales (comme l'OMC), elle s'est faite chantre de l'ouverture, en croyant un brin naïvement que notre supériorité tant vantée suffirait pour nous immuniser contre la concurrence que nous avions encouragée nous-mêmes. Et à l'intérieur de nos frontières, nous avons dépensé nos moyens, financiers et politiques, en réformes anesthésiantes destinées à couvrir les conséquences sociales de nos choix économiques et à faire vivre à crédit un modèle social appuyé essentiellement sur le travail, alors même que celui ci disparaissait à grands flots dans le torrent de la mondialisation. Nous avons collectivement préféré les psychotropes et les drogues douces aux séances de musculation et aux bains d'eau froide. Les 35 heures furent sans doute le symbole le plus absurde de cela : dépenser 23 milliards d'euros par an pour empêcher les gens de travailler (quand le monde entier nous montre que le travail créé le travail), alors même que les vraies dépenses d'avenir (enseignement supérieur, recherche et développement, infrastructures dans l'économie numérique, encouragement au développement de nos PME exportatrices) étaient réduites à la portion congrue ou stagnaient, au mieux. A l'heure des comparaisons, 23 milliards, c'est l'équivalent d'un « grand emprunt[1] » tous les 18 mois, depuis 12 ans…

Comment a-t-on pu en arriver là ? Entre erreurs économiques gravissimes et déconfiture de nos valeurs et de notre référentiel social, la crise que nous subissons de plein fouet est un tournant sans précédent et de nos choix dépendront l'organisation et la place de nos pays européens, et de la France au premier chef, au sein de la nouvelle organisation du monde tel qu'elle se dessine.

Dans les toutes prochaines années, nous allons en effet devoir répondre, collectivement, aux questions fondamentales suivantes :

- Voulons-nous peser encore au sein du monde et reprendre notre destin économique entre nos mains ;
- Voulons-nous réformer en profondeur notre modèle social, non pas pour l'affaiblir et réduire ses protections, mais au contraire pour le rénover et le consolider, et surtout lui permettre d'être financé par la création de richesses et non par le crédit ; Voulons-nous protéger notre niveau de vie et renouer avec la tendance séculaire de son augmentation ;
- Voulons-nous voir disparaître, ou non, dans le maelström de la mondialisation et du relativisme culturel nos valeurs et notre identité spécifique ;

---

[1] Le « grand emprunt » est le nom générique de l'emprunt de 35 milliards d'euros réalisé par Nicolas Sarkozy en 2009 pour financer des dépenses d'avenir.

Il n'y a rien d'emphatique dans ces questions de fond. Et il n'y a aucune fatalité, même si le point de départ est bien compliqué. Notre modèle social est en crise, pris en étau entre un modèle économique et des choix déflationnistes, et des déficits abyssaux, couverts par la bonne volonté des marchés de capitaux et des investisseurs internationaux, n'en déplaisent aux démagogues anti-finance qui fleurissent ces temps-ci. Notre économie n'est pas non plus en bonne forme, avec une croissance anémiée et un déficit budgétaire qui interdit toute forme de relance keynésienne. Notre industrie est en crise, après plusieurs décennies d'abandon que quelques années de politique volontariste n'ont pas permis de relever. Et notre système de valeur et notre identité[2] sont confrontés aux chocs de la mondialisation, aux insuccès pour ne pas dire aux échecs économiques et au relativisme culturel, qui est une forme d'abandon et de lâcheté. Face à ces défis, les grands pays asiatiques font figure non seulement de revenants, mais aussi de modèles. La Chine, en tête, montre que l'on peut accroître de façon considérable et organisée le niveau de vie de ses habitants sans adopter un régime politique et économique occidental. Parions que les pays voisins ne l'oublieront pas.

---

[2] Notons immédiatement que la notion d'identité n'est la propriété de personne ni d'aucun courant (notamment d'Extrême Droite). Socrate nous invitait il y a 2500 ans à l'introspection sur nos valeurs et notre identité, via son célèbre *Gnôthi seauton* repris sous la plume de Platon. Difficile de croire que Socrate et Platon étaient des précurseurs de l'Extrême Droite...

1. Le Constat – Une France et une Europe en crise dans un monde en ébullition

1.1. Le modèle antisocial du déficit perpétuel

Certains appellent cela le volontarisme. D'autres veulent y voir sans rire la suprématie du politique sur l'économie. Fichtre, il ne manquerait plus que ce soit l'économie et les marchés qui décident, et qui empêchent les cigales de chanter tout l'été, et même de jouer les prolongations durant l'automne, l'hiver, pour se réveiller toutes fringantes au printemps. Bien sûr, personne ne parle ainsi – de cigales j'entends. On préfère habiller les discours impécunieux des oripeaux de la justice sociale, lorsqu'il ne s'agit pas de l'exigence morale. Il est des pauvres, d'autres qui ne peuvent se soigner. Il n'y a pas assez d'enseignants pour bien éduquer nos enfants. Les hôpitaux manquent de lits et les campagnes manquent d'hôpitaux. On devise même sur une organisation *Républicaine* faite de droits inaliénables comme celui à se soigner, à se loger, à avoir un travail. Citer la République lorsqu'on invoque un droit, c'est toujours l'arme absolue, celle qui clôt la discussion et surtout toute nuance ou toute question. Remettre en cause un droit Républicain, c'est remettre en cause la République. Qui ne peut être sensible à ce discours ? Il donne un sens à l'action publique, et a permis effectivement à nos sociétés occidentales – reconnaissons-le – d'élever massivement leur niveau de vie, en cherchant à améliorer le quotidien. Cela n'allait pas toujours de soi et combien de droits sociaux que nous connaissons aujourd'hui furent en effet arrachés au prix de luttes sociales.

Mais il est une nuance que les thuriféraires du volontarisme politique n'ont pas vraiment comprise. Une nuance qui revient aujourd'hui comme un boomerang, porté par le vent de la réalité, qui est malgré tout plus fort que celui de l'utopie. Dépenser est bel et bien, et promouvoir des droits sociaux est encore mieux. Sauf lorsqu'on le fait à crédit. Dépenser de l'argent imaginaire pour couvrir des prestations sociales réelles rend ces droits sociaux tout aussi imaginaires. Mais d'un imaginaire douloureux car on ressent comme un recul, lorsqu'il ne s'agit pas d'un renoncement, le fait de revenir à la réalité de nos moyens et de sabrer dans les droits imaginaires ou payés à crédit. La France n'a pas présenté un budget en équilibre depuis 1974. Cela fait donc 38 ans. 38 ans où les gouvernements ont vécu à crédit. Mais faut-il finalement blâmer ces gouvernements seulement ? Nous vivons en démocratie et il est rare de voir 3 ans de suite en France sans élections majeures – présidentielles, législative ou locales. Non, ces 38 années de gabegies, de vie à crédit, de réformes sociales non financées, sont la faute collective de la France, de nous mêmes, Français. Bien sûr, on trouvera toujours aisé de désigner à la vindicte quelques boucs émissaires sur lesquels notre colère et notre rage se cristalliseront, histoire de nous éviter encore de devoir affronter notre propre responsabilité collective et la somme de nos responsabilités individuelles. Certains diront que c'est la faute aux riches, d'autres aux fraudeurs des prestations sociales, et d'autres enfin aux étrangers, qui bénéficient de notre ouverture et de notre accueil généreux.

Cela fait 38 ans que les avancées sociales que l'on aime à croire que le monde entier nous envie, sont payées par la dette publique, c'est à dire par les générations qui nous suivront. Nos enfants, nos petits-enfants. Ce sont eux qui paient les 35 heures payées 39, les séjours aux urgences pour un bobo sans gravité. Ce sont eux qui paient le corps enseignant le plus nombreux d'Europe et les strates d'aides sociales tellement nombreuses que plus personne ne peut s'y retrouver. Ce sont nos petits-enfants et leurs petits-enfants qui paieront pendant des décennies nos retraites à 60 ans, auxquelles certains s'accrochent encore comme la moule au rocher, malgré l'augmentation régulière de notre espérance de vie. Ce ne sont pas ni les entreprises, ni les riches comme aiment encore à le croire certains démagogues. La retraite à 60 ans : le symbole de l'idéologie nombriliste et égoïste selon laquelle on doit subordonner les lois de l'économie – la richesse produite - et de la démographie – l'allongement de l'espérance de vie – à la volonté politique... Tartufferie naturellement. Mythes et contes pour enrober en réalité l'égoïsme le plus décomplexé et faire payer aux actifs, cotisants et contribuables, le déséquilibre évident des comptes sociaux de la branche retraite de notre Sécurité Sociale.

Alors bien sûr, le démagogue a du métier pour amener les larmes aux yeux et justifier l'injustifiable : le métier des communicants et de leurs relais médiatiques, qui ne seront jamais avares d'images chocs de respectables ouvriers, ayant peiné aux 3 / 8 toute leur vie pour des salaires de misère et que l'on voudrait aujourd'hui voir continuer 2 ans, 3 ans ou même 4 ans avant de les voir s'effondrer le jour de leur retraite. Qu'importe que ces ouvriers, aussi respectables soient-ils, ne soient plus que 7 ou 8% de la population active. Ils serviront d'alibi aux longues années d'insouciance de ceux qui savent habilement exploiter les plus malheureux qu'eux pour tirer de la collectivité les mêmes avantages redistributifs, et dont les métiers sont en général bien moins pénibles... Qu'importe que l'espérance de vie augmente d'un trimestre tous les ans et que l'espérance de vie en bonne santé augmente dans les mêmes proportions, surtout chez les professions intermédiaires, agents de la fonction publique et bien sûr chez les cadres et professions supérieures. Ces dernières sauront montrer le pauvre bougre, accablé par son métier pénible et qui sera terrassé de douleurs avant ses 70 ans pour quémander ou exiger, c'est selon, de bénéficier des mêmes attentions de la collectivité. La retraite à 60 ans, c'est presque 20 ans d'oisiveté lorsqu'on vit jusqu'à 80 ans. 20 ans de vacances payées par les actifs grâce au système redistributif français dont la quasi-totalité des cotisants ignore en fait le fonctionnement réel. Qui n'a pas entendu l'antienne « j'ai payé toute ma vie, j'ai quand même droit à une retraite décente » ! Qui pourrait d'ailleurs blâmer ceux qui s'abandonnent à ces mots. Ils ont droit à la retraite, c'est sur. Mais pas un seul centime de leurs cotisations ne paiera leur retraite paradoxalement. Leur retraite jusqu'au moindre euro sera financée par les actifs actuels – leurs enfants et leurs petits-enfants. Elle sera payée par des actifs de moins en moins nombreux à qui on prélèvera donc des montants de plus en plus élevés pour payer l'incurie gestionnaire ou simplement et à nouveau l'égoïsme des générations qui les auront précédées. Et comble de l'ironie, cette ponction sera accompagnée d'un discours moralisateur, lorsqu'il n'est pas culpabilisateur, et d'un refrain de justice sociale dont la perversion ne manque pas d'interpeler.

Il y a du métier pour toujours mettre en relief la vie dorée de certains ou les profits des entreprises pour justifier que cette incurie n'est qu'un mythe. Une création intellectuelle des classes possédantes au mieux, ou un mensonge destiné à faire perdurer les inégalités au pire. Sciemment, le possédant refuse de partager, de concéder ces droits sociaux aux pauvres et aux malades, aux mal logés et aux chômeurs, déjà victimes d'une société violente où les inégalités ne font qu'augmenter. Le message est tellement rabâché qu'il devient une vérité d'évidence, y compris auprès des intellectuels qui apportent leur caution morale aux discours redistributeurs radicaux. Sociologues médiatiques, artistes engagés, tous s'unissent pour exiger plus d'égalité. D'autant plus aisément qu'elle est d'ailleurs financée par des tiers. Ils sont vertueux car ils défendent les pauvres. Ils s'appuient sur leur supériorité morale car ils parlent au nom des modestes, qu'ils connaissent bien sûr intimement de leurs débats au Café de Flore et de la lecture assidue du Monde, de Télérama, de Libération ou du Nouvel Observateur. Tartufferie. Tartufferie. Tartufferie.

La vérité est plus cruelle et plus simple. Depuis une quarantaine d'années, le monde occidental et essentiellement une partie de l'Europe a refusé obstinément de voir que le paradigme économique avait changé. La première crise industrielle du milieu des années 70 ne fut pas seulement un choc pétrolier. La décision de l'OPEP de quadrupler le prix du baril en 1973 fut l'arbre qui cacha la forêt. Le début des années 70 vit la productivité du travail chuter brutalement, alors que l'essentiel des bienfaits économiques des organisations taylorisées s'épuisaient. Cette même productivité qui, par définition, permettait de produire plus avec autant de mains par une meilleure organisation industrielle et des investissements productifs, permettait aussi d'augmenter massivement le bien-être social en réorientant une partie toujours croissante de la richesse produite vers le financement des loisirs (travailler moins et moins longtemps), vers la santé (plus de médecins et plus de dépenses sanitaires), vers l'encadrement public (plus de fonctionnaires et de biens collectifs). C'était naturel et c'était surtout largement autofinancé. C'était juste un choix politique, un vrai. Celui du partage de la richesse réelle produite. Celui de l'élévation collective du niveau de vie. Celui, aussi, des grandes conquêtes sociales telles que l'assurance chômage, et de l'élévation inédite du niveau de vie des retraités.

Mais depuis le milieu des années 70, ce choix s'est perverti. Non pas qu'il soit devenu moins légitime – il appartient toujours à la collectivité, en démocratie, de décider de l'organisation qu'elle souhaite – mais il s'est dévoyé dans le mensonge et l'imposture. L'imposture consciente de continuer à dépenser et à financer des choix non plus par la richesse produite, mais par le crédit, par la dette. Par la redistribution de revenus imaginaires donc ou plutôt la répartition de l'épargne internationale que nos dirigeants avisés et finalement gestionnaires avalent appelée à la rescousse. Et oui, la dette publique a un visage et ce visage n'est pas celui d'un trader qui roule en Ferrari ou d'un dirigeant de hedge fund apatride, mais plus celui d'un modeste retraité américain, hollandais ou japonais qui a économisé le fruit d'une vie de travail pour ses vieux jours. Il a le visage des épargnants sérieux qui aspirent à ne pas être des poids pour leurs enfants et qui investissent leurs modestes économies dans un contrat d'assurance ou un fonds de pension. Il a le visage de femmes et d'hommes à qui la France, collectivement, a menti, en leur faisant croire lors des road-shows des ministres des Finances successifs, de gauche et de droite, partis vendre aux étrangers la dette publique française, que cette dette permettait de préparer l'avenir lorsqu'elle ne servait qu'à financer des droits sociaux imaginaires à crédit. Comment nier cette triste réalité ? La part de notre dette publique ayant réellement servi à investir et à préparer l'avenir est une poussière dans l'océan des découverts du quotidien (pour être précis, depuis 1974, dernier budget public en équilibre, la part des investissements publics dans la dépense publique en France est passée de 12,5% à 7,5%... Il sera difficile de faire croire aux lecteurs que la dette a servi à préparer l'avenir dans ces conditions).

Qui peut le nier ? Qu'avons nous fait, collectivement, pour préparer l'avenir dans les 40 dernières années. Les centrales nucléaires, essentiellement ouvertes sous la présidence de Valéry Giscard d'Estaing et le premier septennat de François Mitterrand sont amorties depuis belle lurette. Le réseau autoroutier a été financé par le secteur privé. Le TGV, quelques hôpitaux et universités (je parle des murs et des équipements) peut-être. Quelques dizaines de milliards d'investissements d'avenir sous le quinquennat de Nicolas Sarkozy certainement. Sur une dette publique de 1 700 milliards d'euros, c'est bien faible...

Alors bien sûr, comme tout mensonge, celui que l'on a servi à la fois aux épargnants et aux électeurs a pris fin. Mais comble d'ironie, il n'a pas pris fin à l'occasion d'une prise de conscience collective sur les errements d'une telle stratégie de fuite en avant, comme ce fut le cas en Allemagne en 2003. Il a pris fin dans les décombres d'une crise financière aussi grave que celle des années 30. Il a pris fin alors qu'un système financier non régulé – ou si peu régulé – s'écroulait sous le poids de ses excès. Il a pris fin dans le renflouement de quelques banques américaines, britanniques, espagnoles ou allemandes. Ironique n'est-ce pas ? Ou plutôt une dernière chance, pour les gardiens du temple de la redistribution, de blâmer un dernier bouc-émissaire avant l'effondrement final. Car l'occasion était finalement trop belle pour réorienter l'aigreur populaire vers les banques et les banquiers, érigés en cause des maux sociaux. L'ennemi avait désormais un visage, celui de quelques grands dirigeants de banques et de quelques traders dont les rémunérations, naturellement sans mesure aucune avec les déficits publics mais très mesurées par rapport à certains revenus d'artistes ou de sportifs curieusement épargnés par la crise, étaient les symboles des profiteurs fous de l'ancien monde. Bien sûr, si l'Etat est en crise, c'est la faute aux banquiers. Si les dettes publiques explosent, c'est encore la faute aux banquiers. Et si des Etats à l'histoire aussi riche que l'Italie ou l'Espagne sont au bord de la banqueroute, c'est toujours la faute aux banquiers – rebaptisés spéculateurs pour mieux faire comprendre les enjeux aux électeurs.

Collectivement, ces banquiers représentent quelques centaines de milliers de personnes dans nos pays et leurs revenus s'élèvent à une poignée de fraction de pourcents de PIB, mais qu'importe. Le mensonge est suffisamment habile et finalement, l'opprobre, pour certains parmi ces banquiers, n'est pas volé. Il fut des errements dans les dernières années que rien ne pouvait justifier. Hélas, ce dernier mensonge a abusé les cœurs mais ne fait que retarder l'examen de conscience inéluctable. Le modèle social des 30 dernières années est en faillite. Une faillite collective qui a entraîné une cessation de paiement et qui entrainera, si l'on y prend gare, une liquidation judiciaire.

Cette faillite n'est pas celle de la redistribution en elle-même. A nouveau, elle est un choix politique légitime, à défaut d'être partout efficace lorsqu'elle n'est pas maîtrisée. La faillite n'est pas non plus celle des fondements sociaux de notre pacte Républicain tels qu'ils sont nés du Conseil National de la Résistance, qui voulut dépasser l'horreur et l'effondrement de notre nation en rebâtissant une nouvelle société juste et rassemblée autour de grande branches collectives : retraite, santé, famille… Cette faillite n'est pas une faillite des idées, comme aiment encore à dire ceux qui ont très bien compris ou ceux qui refusent de comprendre. Cette faillite est celle de la facilité. La facilité de bénéficier tout de suite de droits sociaux non financés, si ce n'est par la gentillesse de nos créanciers internationaux. Cette faillite, c'est celle du double mensonge : celui chanté aux électeurs à qui on promet plus de fonctionnaires, plus de droits sociaux, et des dépenses de santé qui augmentent plus vite que la richesse nationale, sans que cela ne surprenne personne d'ailleurs. Et le mensonge aux épargnants et possesseurs de dette publique française à qui l'on a compté fleurette, en pariant soit sur leur naïveté, soit sur leur bêtise.

Hélas, trois fois hélas, l'actualité nous montre, d'une certaine façon en avance de phase, ce que peut entraîner une prise de conscience de ces mêmes épargnants de s'être fait rouler dans la farine. Voyons nos amis grecs. En matière de dépense d'argent imaginaire et de vie à crédit, ils ont été les rois. Depuis leur adhésion à l'Union Européenne en 1981, leur niveau de vie s'est élevé dans des proportions considérables. Mais derrière le miracle économique et les 3,5% de croissance moyenne entre 1999 et 2008, il y avait simplement le rideau d'une dette publique phénoménale, qui permettait d'entretenir une fonction publique pléthorique et surpayée, de maintenir des impôts symboliques (lorsqu'ils étaient payés tout court – rappelons que la Grèce n'a pas de cadastre... simple de lever dans ces conditions des impôts locaux). Là encore, l'horizon était louable. Il s'agissait de faire converger 10 millions d'habitants vers le niveau de vie plus élevé de la moyenne de l'Union Européenne. Ce fut à la fois légitime et normal. Mais ce qui le fut moins, ce fut d'avoir voulu griller les étapes, et surtout décorréler cette convergence de l'économie réelle du pays, c'est à dire de la création de richesses de ses entreprises (rappelons que la Grèce n'exporte quasiment rien – cela aurait du surprendre que ce pays ait connu de si fortes croissances pendant si longtemps sans aucun secteur industriel avancé et sans puissance exportatrice, mis à part quelques armateurs et fabricants d'huile d'olive). On a suivi le chemin de la facilité, en distribuant des subsides à grand jet, en tolérant la fraude fiscale ou les exemptions fiscales (on appelle cela « niches fiscales » de par chez nous), en quémandant des aides européennes et des créanciers publics, tout en maquillant les comptes histoire de ne pas apparaître trop fragile.

Alors bien sûr, le mensonge est tombé en 2009 et le réveil fut bien douloureux. A l'issue d'élections générales, le gouvernement en place fit semblant de découvrir que le déficit budgétaire, annoncé à la Commission européenne à 3.7% du PIB par l'équipe sortante, s'élevait en réalité à 12.7% du PIB ! 9 points de PIB de différence – fruit d'un mensonge qui ne pouvait être que collectif naturellement – excusez du peu... Les créanciers se rendirent compte qu'ils ne pouvaient être remboursés car l'économie grecque était trop faible et générait trop peu de richesses pour payer à la fois les droits sociaux locaux, les salaires des fonctionnaires et les pensions de retraites, et les intérêts de la dette contractée (33 000 euros par habitant en Grèce[3])… Et les créanciers ne se firent guère d'illusions. Dans une telle situation, comment blâmer le gouvernement grec, issu d'élections démocratiques, de préférer ses électeurs aux créanciers internationaux. Alors les vannes du crédit se sont immédiatement taries. Et on a vu ce qu'il advenait d'un pays qui vivait à crédit. C'est à dire d'un pays qui dépense plus qu'il ne gagne et qui faisait payer le solde aux retraités californiens ou allemands. La faillite, pure et simple. En 2010, le déficit budgétaire grec dépassait 13% du PIB et il n'y avait plus personne pour le financer. Cela représentait 40 milliards d'euros. 40 milliards d'euros qui n'étaient pas le fruit de la spéculation, mais simplement la différence qu'il y avait entre la création de richesses du pays et les dépenses totales du pays, de consommation. Le réveil fut bien douloureux car il fallut tout simplement sabrer les dépenses publiques et privées du même montant. Une saignée. Mais une saignée salutaire, du type que l'on impose après une indigestion en soumettant le souffrant à une diète sévère qui permettra peut-être de soulager le métabolisme. Alors bien sûr, ces propos peuvent paraître cyniques car ils oublient dans leur généralité que derrière les chiffres, il y a des femmes et des hommes qui souffrent, dont les revenus se sont effondrés sous les coups des plans d'austérité. Suppression des 13ème et 14ème mois dans la fonction publique[4], allongement des durées de cotisation des retraites de 37 à 40 ans, hausse de la TVA, fin des départs à la retraite à 50 ans (sic). Cela commençait par la fin des abus les plus spectaculaires. Mais le problème avec les décisions trop tardives, c'est qu'elles sont souvent insuffisantes. Après la mise en bouche, on attaqua le gros des réformes avec une baisse de 15 à 20% des salaires, y compris les pensions de retraite, et une baisse du PIB du même montant depuis l'année 2010. On peut s'époumoner en lançant les diatribes les plus violentes contre les marchés financiers, on ne peut que constater que 15% du PIB grec n'avait pas de contrepartie réelle mais était uniquement lié à des dépenses à crédit,

---

[3] Un chiffre : l'aide publique au développement était en 2009 de 90 milliards de dollars. L'annulation de dette publique grecque en 2011 a été de 105 milliards d'euros…

[4] Dont les rémunérations avaient cependant doublé au cours des 8 années précédentes…

organisées par les pouvoirs publics via des prestations sociales trop généreuses et une fonction publique sans lien avec la richesse du pays, ni avec ses besoins réels d'ailleurs. C'est un retour à la normale, mais qui se fait dans le sang et l'incompréhension. Cette incompréhension est de la responsabilité exclusive des pouvoirs publics qui se sont succédé à Athènes, qui ont acheté les voix électorales, au sens propre du terme, avec de l'argent qui ne leur appartenait même pas et qu'ils ne rembourseraient jamais.

Mais aussi spectaculaire que soit la situation grecque, elle n'est guère différente de celle de la France sur le principe. Il ne s'agit pas de faire du catastrophisme car les atouts de la France sont bien plus nombreux que ceux de la Grèce, heureusement. Nous disposons d'une économie vaste et diversifiée et nos déséquilibres sont beaucoup moins structurels. La productivité de nos travailleurs est exceptionnelle, leur niveau de formation globalement très élevé. Nous disposons d'une solide indépendance énergétique via notre industrie nucléaire. Nous disposons d'une agriculture puissante, même si menacée par des choix économiques ineptes. Et nous disposons tout simplement du plus grand nombre de grandes entreprises parmi les 100 plus importantes du monde après les Etats-Unis. Mais ces forces sont par ailleurs les principaux freins aux réformes, qui ont été retardées depuis une quarantaine d'années. Car comme on l'a vu, les derniers avocats du modèle social à crédit français trouvent dans les vestiges de notre puissance économiques matière à justifier le refus des réformes de structure. Les grandes entreprises sont puissantes, il n'y a donc qu'à les taxer. Il suffisait d'y penser. 80 milliards de profits en 2011 pour le CAC 40. Taxons-les ! Les riches sont de plus en plus riches, donc spolions-les ! Le calcul le plus élémentaire montre que prendre tout l'argent des riches ne change pas la vie des pauvres, mais au moins il n'y aura plus de riches, que diable. Evidemment, le fait que les riches s'enrichissent par définition en créant de la richesse ne semble guère important. Leur patriotisme opportun leur dictera de continuer à créer autant de richesses sans en toucher le début du commencement du fruit. Suivant les inspirations, on leur prend tout à partir de 360 000 euros par an ou de 1 million d'euros par an. Qu'importe que l'histoire humaine nous montre depuis environ 5 000 ans d'études économiques (depuis l'Egypte antique jusqu'à nos jours) que personne, dans un pays libre, ne travaille s'il ne jouit du fruit de son travail. Nous trouvons les solutions aux déséquilibres de nos comptes sociaux. Alors bien sûr, ces solutions ont une odeur de sapin ou de naphtaline, et on se doute bien que les mensonges vivent leurs derniers temps. Mais le déni de réalité a encore quelques mois, quelques années devant lui. Et plus dur sera le réveil.

Pourtant, le retour à une organisation normale de l'économie est possible, c'est à dire où l'on crée la richesse avant de la redistribuer, où les droits sociaux nouveaux sont financés par la richesse produite et non par la dette, où chacun contribue suivant ses moyens à la collectivité. Une telle organisation n'a rien de fasciste, de misérable ou d'antisociale. Elle ne préjuge d'ailleurs en rien, finalement, des choix sociaux. On peut choisir de mutualiser 20 ou 50% de la richesse produite, du moment que cela ne se fait pas à crédit et qu'il y a un consensus social autour des choix, et que cette organisation vise aussi à l'efficacité, c'est à dire à la plus grande création de richesse et à la plus forte élévation du niveau de vie. L'organisation normale de l'économie s'accommode donc à la fois de choix socio-démocrates ou de tendances plus libérales.

Peut-on dire sans rougir de honte que notre pays est organisé conformément avec ce principe ? Avec 38 exercices budgétaires en déficit, avec 15 années de droite et de gauche au pouvoir au cours des 30 dernières années, la responsabilité est collective. Mais elle n'est pas de même nature. La gauche a développé et théorisé une organisation économique utopique qui, sans aucun lien avec les gains de productivité réels, a cherché à réduire le temps de travail sans contrepartie salariale (c'est à dire les 35 heures payées 39, là encore il suffisait d'y penser), à redistribuer de l'argent qui n'existait que dans les déficits publics et à faire croire, comme paravent bien commode, que si d'aventure le vent tournait (c'est à dire que la croissance fut en berne ou que les créanciers se réveillent), il suffirait de faire payer les riches et les entreprises. Les entreprises ont payé, en taxes et impôts de toutes natures, et n'ont eu de cesse de délocaliser leur production ou de réduire leur main d'œuvre pour alléger le fardeau. La droite, engluée dans son renoncement et dans la culpabilisation de ses choix a, sauf entre 1986 et 1988 et entre 2007 et 2012 (période hélas marquée par la crise) abdiqué ses idées pour épouser le consensus mou français, qui visait à chloroformer les consciences sous des strates de dépenses publiques, de nouveaux impôts destinés à réduire les déficits publics et sociaux, et de nouvelles niches fiscales et sociales lorsque les conséquences économiques des impôts devenaient trop dramatiques. Une course en avant avec quelques éclipses salutaires, comme la réforme des retraites de 2003, comme la création du contrat impôt recherche...

Mais trop peu, trop tard et trop semblable aux politiques de gauche pour éveiller l'intérêt et surtout pour obtenir des résultats. Et lorsqu'elle chercha à changer le paradigme, en 2007, elle n'eut que 6 mois d'état de grâce avant que la crise ne se déchaîne. 30 ans d'échecs et de lâchetés partagés, sous le contrôle des électeurs néanmoins, qui ont cru aux balivernes et voulu s'accrocher aux rêves éveillés qui leur étaient vendus à chaque élection.

La réalité, elle est pourtant simple. Le monde entier connaît la croissance. L'Asie, l'Amérique latine, l'Afrique, tous les continents se battent pour s'arracher à la pauvreté et tous profitent, globalement, des échanges internationaux et de l'ouverture des frontières pour se développer. Ces taux de croissance oscillent entre 5 et 10% pour an, suivant les pays. Alors bien sûr, il est inutile de préciser que les inégalités se creusent dans ces pays, dans ces continents. Des fortunes colossales s'accumulent alors que les masses vivent encore dans des conditions qui font frémir en Occident. Mais même la situation des plus pauvres s'améliore rapidement dans ces pays. Ce sont plusieurs dizaines de millions de personnes qui quittent la misère en Chine chaque année, en rejoignant les mégalopoles industrielles de la Côte ou, plus récemment, de l'intérieur des terres. Il en est de même au Brésil, en Afrique du Sud, en Turquie, en Indonésie, en Corée, en Inde, en Russie. On croyait la fin de l'Histoire réalisée après la Chute du mur de Berlin et moins de deux décennies plus tard, l'Histoire est pourtant toujours en marche. Le Moyen-Orient assoit sa suprématie financière grâce à plus de 2 000 milliards de dollars de ventes de produits pétroliers annuels. L'Asie prend une revanche séculaire sur les anciennes puissances occidentales, qui avaient laissé le souvenir de la politique de la canonnière lors des Guerres de l'Opium et des Traités inégaux. L'Amérique du Sud renait de ses errements et en arrive à renflouer ses anciennes puissances coloniales que sont l'Espagne et le Portugal. Jusqu'à la Russie et aux anciens pays d'Asie Centrale, qui furent noyés sous le communisme et qui désormais sont noyés sous le pétrole et le gaz.

L'Histoire ne s'est pas arrêtée. Elle a continué à s'écrire alors que l'Europe occidentale s'accrochait à ses vieilles gloires et à un modèle et une organisation sociale idéalisés *ex post*, celle des années 60[5].

Le monde a changé mais personne ne nous l'a encore dit. Notre suprématie technologique a vécu et est aujourd'hui contestée. Notre indépendance énergétique est menacée, alors que la compétition pour les ressources rares et les énergies fossiles s'intensifie. Notre suprématie militaire, incontestée jusqu'à peu, est en perdition, au son du glas des économies budgétaires et des renoncements. Nous avons certainement de beaux atouts. Airbus reste le premier fabricant d'avions civils au monde, mais la Chine et le Brésil ne l'entendent plus de cette oreille et le premier avion monocouloir 100% chinois, concurrent de l'A 320 ou du Boeing 737, devrait quitter les usines d'assemblage vers 2016. Areva dispose de la technologie nucléaire la plus avancée, mais la Corée nous ravit des contrats, en pariant sur du nucléaire sûr mais *low cost*[6]. Nos trains à grande vitesse furent les premiers à être commercialisés mais il suffit d'aller au Japon ou en Chine pour constater que cette supériorité est totalement menacée par les technologies à lévitation magnétique – la patrie du TGV sait-elle que la Chine disposera, à la fin de l'année 2012, de plus de lignes ferroviaires à grande vitesse que le reste du monde réuni ? Nos architectes ont bâti les monuments les plus majestueux et les villes les plus belles entre le 17ème et le 20ème siècle. Puis tout s'est arrêté alors que les projets les plus spectaculaires s'érigent à Abu Dhabi, à Dubaï, à Shanghai, à Kuala Lumpur... Les seules limites deviennent celle de l'imagination dans ces villes lorsque le maire de Paris, englué dans sa majorité bigarrée, refuse obstinément de construire des « immeubles de grande hauteur »... Nous avons perdu la fierté et l'envie d'avancer, collectivement. Bien sûr, nos entreprises restent puissantes et nous conservons des fleurons industriels enviés. Mais nous ne sommes animés que de la crainte du déclassement, qui nous pousse à nier les changements et à rechercher dans l'aide publique les remèdes à nos carences, pour ne pas dire les somnifères qui nous permettront non pas de nous soigner, mais de périr assoupis. L'ironie est donc que nous sombrons, par nos choix ou plutôt nos absences de choix, dans ce déclassement tant craint.

Nous rêvons notre vie et notre position dans le monde, à l'avant garde d'une organisation sociale qui privilégierait le temps libre, les

---

[5] Rappelons que l'expression « Trente Glorieuses » date de 1979...
[6] Les centrales proposées sont plus petites que l'EPR français et de plus faible puissance (quelques centaines de MWh contre plus de 1 500 MWh pour l'EPR).

loisirs sur le travail. Nous ne nous rendons pas compte que cette conception du monde n'est partagée par personne. Nous ne nous rendons pas compte non plus que nous disposions au commencement de la partie du meilleur jeu, et de loin. Nous avions tous les atouts en poche : un haut niveau de vie, une population très bien formée, un climat favorable, une ouverture maritime exceptionnelle, une protection contre la plupart des grandes calamités naturelles (ouragans, inondations, tremblements de terre) qui balaient régulièrement les grands pays d'Asie ou d'Amérique. Notre technologie était encore sans équivalent jusque dans les années 90. Et pourtant, nous avons fait tous les mauvais choix, dans un but unique : refuser une nouvelle organisation du monde et un nouveau paradigme économique. Nous avons feint de conserver l'organisation des Trente Glorieuses, tout en devant augmenter jour après jour de façon inéluctable les transferts sociaux (financés à crédit) qui compensaient les conséquences de l'ouverture des frontières, de la chute de la productivité et de l'automatisation croissante de l'industrie. Nous avons fait le choix de l'ouverture des frontières économiques et financières – et grand bien nous en a pris car ce choix a, malgré tout, été moteur dans la formidable période de croissance que connaît le monde depuis 20 ans. Mais nous n'avons rien fait pour adapter, à l'intérieur de nos frontières, notre pays à ce choix, à l'extérieur. Incohérence coupable.

Nous nous sommes bernés dans des illusions. L'illusion que notre modèle social, tellement envié, pousserait les autres pays à copier notre organisation et donc à subir les mêmes affres qui nous auraient évité le déclassement. Raté. Personne n'a jamais copié la réduction du temps de travail, les emplois jeunes ou l'impôt sur la fortune – peut-on en toute honnêteté se demander pourquoi ? L'illusion de croire que la nouvelle révolution économique se ferait au détriment de l'industrie, vers les services, et que l'on pourrait substituer de nouveaux emplois d'animation de temps libre aux anciens emplois industriels (ce qui est la logique exacte des emplois jeunes ou autres emplois d'avenir). Encore raté. L'illusion toujours de croire qu'aucun effort n'était nécessaire et que les transferts fiscaux et sociaux étaient inépuisables. Toujours raté. L'illusion enfin de laisser entendre, à l'orée de la crise, que la source de nos maux serait dans la finance malade. Facile de montrer à nouveau un ennemi à la vindicte populaire, et d'autant plus lorsque l'ennemi a le visage d'un trader hargneux et qu'il permet à bon compte d'exonérer tous les autres de leurs responsabilités... Certaines collectivités locales françaises forcent ainsi le respect : après avoir souscrit des prêts exotiques et des produits financiers très complexes dans le seul but de payer moins d'intérêts et donc de s'endetter encore plus (et toujours pas pour préparer l'avenir mais essentiellement pour des dépenses de prestige ou clientélistes), elles accusent les banques qui leur avaient vendu ces produits !

Le constat est accablant et l'échec est collectif. 1 700 milliards d'euros de dette qui aliènent notre souveraineté. Une compétitivité en berne et des parts de marché en baisse dans le commerce international et surtout dans le commerce intra-européen comme on l'a vu (difficile de blâmer l'euro donc). Des déficits sociaux dont on s'accommode : 10 milliards de « trou » de la sécurité sociale et des dépenses maladie qui, à l'exception des années 2010 et 2011, n'ont jamais respecté les budgets de l'ONDAM (Objectif National des Dépenses d'Assurance Maladie) pourtant votés par le Parlement. Pour ceux qui n'ont que les mots démocratie et République à la bouche, on pourrait presque crier à l'imposture ou à la forfaiture. Ah, bien sûr, tout le monde connaît le slogan que la santé n'a pas de prix... Mais personne ne s'étonne de savoir d'où vient l'argent. Se soigner à crédit, quel beau programme... Un chômage qui a cru en strict parallèle de la réduction du temps de travail, illustrant à l'évidence que le partage du travail crée le chômage, alors que le travail crée le travail. C'est vrai partout dans le monde mais il n'y a qu'en France, pour le coup, où on continue à laver le cerveau des citoyens en leur faisant croire que le travail est un gâteau qu'il convient de se partager et que l'allongement de la durée de cotisation pour la retraite empêchera les jeunes d'entrer dans le marché du travail... Comme si, pour remplacer un ancien riche de son expérience, un employeur embauchait un jeune sans qualification. Et naturellement, il n'y a qu'en France où la réduction du temps de travail (effectivement tendance séculaire qui a accompagné la hausse massive de la productivité du travail entre le milieu du 19ème siècle et les années 1970) perdure sans que les gains de productivité soient là, désormais. Et oui, toujours la même rengaine de la supériorité du politique sur l'économique... En d'autres temps, certains allaient (légèrement) plus loin en voulant subordonner la génétique et la biologie au politique, avec la même conviction mystique.

Ce constat est-il irrémédiable ? Bien sûr que non. L'Allemagne a relevé la tête en moins d'une dizaine d'années ; le Canada en a fait autant, en partant de plus loin que la France ; la Suède encore. Aucun de ces trois pays n'a réellement été accablé par les sacrifices que les commentateurs ignorants agitent comme des épouvantails lorsqu'ils veulent effrayer le quidam. Qui n'a pas en effet rêvé d'aller vivre dans ces pays ? Le Canada est la destination préférée des français lorsqu'on leur pose la question. C'est étrange. Si leurs politiques étaient aussi misérables, en serait-il ainsi ?... Le redressement est possible. Il doit simplement s'appuyer sur 3 volets indissociables : 1) le rétablissement rapide de la compétitivité de notre économie pour gagner des parts de marché dans un monde qui croit et qui continuera à croître ; 2) le rétablissement de nos comptes sociaux et de nos comptes publics qui nous permettra de recouvrer notre destin et notre souveraineté ; 3) le rétablissement de la fierté de notre pays, de notre Histoire particulière et de notre identité. Dans un monde ouvert, où de grands pôles vous s'affronter (économiquement mais aussi idéologiquement), il faut être fier de ce que l'on est, de notre mode de vie et de notre spécificité. Sans ce dernier point du triptyque de notre redressement, notre nation se délitera dans une succession de communautarismes centrifuges et la France telle que nous la connaissons aura cessé d'exister.

1.2. La schizophrénie française

Le débat présidentiel de l'année 2012 a été marqué par le renouveau de la notion de frontière. Si les différents candidats (et candidats à la candidature lors des primaires) ont renoué avec ce mot qui avait presque disparu des dictionnaires, c'est certainement par opportunisme électoral, mais aussi parce que la France et ses dirigeants ont pris conscience du grand écart qui existait entre la politique suivie hors de nos frontières et celle menée sur le territoire national. Animés par une schizophrénie économique et sociale, nous avons collectivement épousé et même promu le libre échange et, parallèlement, tout fait pour ne pas adapter notre pays à la concurrence effrénée que nous avions donc contribué à susciter, en noyant les victimes de ce que l'on appellerait la mondialisation sous des flots d'aides sociales. La civilisation des loisirs coexistait donc avec la France qui se lève tôt parce qu'elle a conscience de vivre dans un monde compétitif, où nos positions sont érodées, jour après jour, sous la pression de pays émergents insatiables de croissance.

Depuis les accords du GATT de 1947 et le développement de la Communauté européenne qui a culminé avec le Marché Unique européen de 1986, la France a été parmi les chantres de l'ouverture progressive des frontières économiques et commerciales. Le cœur de cette politique était naturellement la construction européenne et la création d'un marché unifié et ouvert de plus de 400 millions d'habitants, libre de toutes entraves et partageant une monnaie unique. Mais notre politique s'est également inscrite au sein de l'Organisation Mondiale du Commerce, née en 1995 pour favoriser l'ouverture commerciale des pays membres (154 au total en 2012) et lever les obstacles au libre-échange.

Le rationnel économique de l'ouverture des frontières est fort, et il convient naturellement de remarquer, en passant, qu'elle a permis au monde de connaître, depuis 1945, des cycles de croissance sans équivalent dans l'histoire humaine. Le commerce international a été et demeure un vecteur de progrès humain, scientifique et économique extraordinaire. Il n'est qu'à voir dans quel état sont, par contraste, les pays qui ont refusé de s'y plonger pour être saisi par cette réalité. Cuba, la Corée du Nord, la Birmanie (pour une part) ou les expériences malheureuses de nationalisme ou communisme autocentré sont des exemples peu glorieux de la « troisième voie » qui n'a jamais existé que dans l'imagination de certains dictateurs ou autocrates. Bien sûr, les cycles d'ouverture des frontières n'allaient pas toujours de soi, et rencontraient souvent de fortes hostilités. Il est toujours plus commode de commercer entre soi, sans pression extérieure et sans concurrents. C'est certainement plus reposant, mais cela évite surtout de progresser. Les premiers pas de la Communauté européenne, et notamment son volet agricole, furent l'objet de débats houleux et de mini-crises, dont la fameuse politique de la chaise vide du général de Gaulle n'en fut qu'une illustration spectaculaire. De même, les cycles de libéralisation et d'ouverture des échanges sous l'égide du GATT furent souvent férocement combattus par les pays émergents, qui pouvaient, parfois, y voir une forme de néocolonialisme déguisé. Il serait d'ailleurs difficile de les en blâmer, rétrospectivement, car l'intention y était, masquée derrière des bons sentiments tout aussi réels. A leur place, à l'immédiat après-guerre, la France et les autres pays européens dévastés par les combats pestaient régulièrement contre la puissance économique américaine, qui semblait inatteignable et qui terrassait toute opposition sur le marché des produits de consommation courante et de hautes technologies.

L'après-guerre, jusqu'au début des années 80, fut en effet l'apogée de la puissance du bloc occidental. L'avance technologique des Etats-Unis et de l'Europe (suivis du Japon à partir des années 60 et 70) était inédite et nous connaissions une période de croissance particulièrement forte – entre 3% pour les Etats-Unis et jusqu'à 9% de croissance annuelle moyenne au Japon, en passant par la France qui tenait bien son rang avec plus de 5% de croissance moyenne. Notre niveau de vie, déjà très supérieur à celui du reste du monde, continuait de croître, de près de 2% par an en France, permettant un développement rapide des prestations sociales, à mesure que les gains de productivité étaient redistribués, pour une large part, aux salariés. Les investissements, notamment en infrastructures, en réseaux de transport et en production énergétique (avec l'avènement de l'énergie nucléaire) transformaient la vie quotidienne. Partant d'un revenu par habitant proche de 55% du niveau américain en 1950, nous atteignions 80% en 1973, à l'aube du premier choc pétrolier. La pauvreté reculait massivement, notamment la pauvreté des retraités qui bénéficiaient de la solidarité du système de retraite par répartition[7] mis en place au lendemain de la Seconde Guerre Mondiale. Le taux d'équipement des principaux matériels électroménagers comme les réfrigérateurs, les lave-linges, les téléviseurs atteignaient les 80% à la fin des années 70 contre des chiffres confidentiels au début des années 50. L'automobile connaissait un essor sans précédent. L'éducation se massifiait et les qualifications augmentaient rapidement, avec un triplement du nombre de bacheliers (de 50 000 par an environ en 1960 à plus de 155 000 en 1970[8]) et un doublement du nombre d'étudiants, dans les universités, les grande-écoles et les IUT qui venaient juste d'être créés. Dans la même décennie, les salaires faisaient plus que doubler pour les ouvriers (+120%), les techniciens, les cadres et les fonctionnaires.

Quoi de plus naturel dans ces conditions que de rechercher à pousser encore plus avant nos avantages en élargissant nos marchés, fort de notre domination. Nos industries fonctionnaient déjà à plein régime et il leur fallait de nouveaux débouchés. Les pays émergents étaient en effet, comme au bon vieux temps de la colonialisation au 19ème siècle, des cibles rêvées pour nos exportateurs de produits manufacturés, des sources inépuisables (tout du moins le croyions-nous à l'époque) de matières premières, et des esprits simples à conquérir dans la grande guerre idéologique que nous nous livrions avec le bloc soviétique. C'était une sorte de partage rationnel de l'économie mondiale. Les voitures américaines démesurées engloutissaient des centaines de milliers de barils de pétrole, opportunément trouvés par les grands majors occidentaux en Arabie Saoudite, au Gabon, au Venezuela, en Iran, en Irak ou encore en Algérie. Les chantiers navals et l'industrie sidérurgique s'arrachaient le minerai de fer dont l'Afrique du Sud, l'Australie, le Brésil ou encore la Chine (peu ouverte à l'époque, en pleine Révolution Culturelle) regorgeaient.

---

[7] Pour être précis, le système mis en place en 1945 reprenait celui que le régime de Vichy avait institué, mais en l'élargissant (notamment les juifs en étaient exclus)...
[8] Et 625 700 en 2009 !

1.3. Le dogme du libre-échange à l'extérieur des frontières

Le modèle libéral de libre-échange est très récent dans l'histoire humaine. Pendant des siècles et des millénaires, le commerce international existait, pour sûr, mais il restait limité à quelques produits de base et il était surtout mené à la pointe de l'épée ou au son du canon. Il n'était nul besoin de réfléchir à la réciprocité, aux règles et aux normes car le plus fort emportait le morceau. C'était simple, très généralisé parmi toutes les civilisations et finalement assez peu efficace. Jusqu'à la fin du 18ème siècle, la croissance économique du monde fut médiocre dans la quasi-totalité des pays et à presque toutes les époques, à peine de 1% par an en moyenne, avec quelques rares et notables exceptions telles la Chine sous la dynastie Song (960-1279) et le début de la dynastie Ming. Ces siècles furent, par bien des aspects, une sorte d'âge d'or pour la Chine. Le pays était en effervescence et connut un niveau de développement et de sophistication que le monde ne devrait pas connaître à nouveau avant 500 ans. La monnaie papier circulait. Des réseaux complexes de transport d'hommes, de marchandise et d'eau reliaient les différentes provinces chinoises qui s'unifiaient. Il fallait alors moins de 2 semaines de route pour relier les principales villes chinoises de la côte et de l'intérieur des terres. Le commerce international était florissant, notamment vis-à-vis des pays d'Asie du Sud-Est et jusqu'au Japon, en Arabie et dans l'archipel indonésien. Des navires armés de près de 500 marins naviguaient sur les mers du monde, et permettaient de partager la culture chinoise, l'artisanat, les technologies et d'enrichir en retour la base de connaissance magnifique de cette civilisation. Si Marco Polo et Christophe Colomb restent les figures mythiques des explorateurs européens, la Chine eut Zheng He qui, entre 1405 et 1433 parcourut les mers au cours de 7 expéditions majeures. Tout y était disproportionné. Le premier voyage de Colomb, qui permit de découvrir l'Amérique, se fit avec 3 caravelles et moins de 100 hommes d'équipage. Le deuxième voyage de Colomb comptait 17 navires et 1 500 hommes. Les expéditions de Zheng réunirent jusqu'à 300 navires géants et 28 000 marins ! La richesse chinoise se nourrissait de ces échanges. Même Marco Polo, pourtant citoyen de la puissante Cité-Etat de Venise et fin connaisseur en matière de commerce maritime, ne put retenir son émotion en découvrant le delta du Yang Tse et les centaines de navires qui transportaient hommes et marchandises vers les provinces chinoises et les pays environnants.

Il fallut attendre la révolution industrielle pour commencer à théoriser le rôle du commerce international et les vertus du libre-échange. Jusqu'alors, les échanges restaient concentrés sur les importations de soies, de bois précieux, d'épices et de divers produits artisanaux, venant des voisins européens, des Indes ou du Nouveau Monde. On les payait en exportant d'autres produits artisanaux, des œuvres d'art parfois, de riches étoffes réalisées à la main, et parfois des hommes en armes lorsque les moyens de paiement devenaient plus rares. Mais autour de 1780, les débuts de la production de masse en Angleterre changèrent le paradigme. Des machines à vapeur permettaient d'industrialiser la production artisanale de textile, avec des rendements totalement inédits à l'échelle de l'humanité. Grâce à du charbon abondant et proche des grands bassins de population et des centres logistiques du Sud du pays et de la côte, nos voisins britanniques ouvrirent la voie de la première révolution industrielle. Il leur fallait du coton en abondance, qu'ils trouvèrent dans leurs colonies, notamment américaines et indiennes. Et il leur fallait des débouchés pour leurs produits finis, afin d'amortir les investissements considérables qu'ils consentaient pour augmenter la capacité productive. Le fondement du libre échange tenait à ces deux éléments. La spécialisation des productions (produits de base et produits manufacturés) et l'ouverture du commerce international pour échanger ces productions.

Il fut théorisé par Adam Smith, qui venait de jeter les bases de l'analyse économique moderne avec son ouvrage clé *Recherche sur la nature et les causes de la richesse des nations*. En deux mots, sa démonstration était convaincante. Les pays ayant des prédispositions (de par la nature ou le génie des hommes, comme l'Angleterre naturellement) à exceller dans certains secteurs de l'économie, il y avait intérêt à se spécialiser là où les avantages étaient les plus forts, à produire les biens au plus bas coût et à les échanger contre d'autres biens produits, ailleurs, par des pays qui en seraient les spécialistes. C'était la fameuse théorie des avantages absolus. Mais pour la rendre plus tangible, voyons un exemple concret, pris non chez Adam Smith mais chez David Ricardo[9], qui

---

[9] Dans *Principes de l'économie politique et de l'impôt*, 1817.

raffina la théorie de Smith quelques années plus tard. Cet exemple des producteurs de vin et de fromage peut faire sourire par sa trivialité, mais il n'en demeure pas moins éclairant. En quelques mots, Ricardo venait de trouver une rationalité économique forte (et pour être honnête implacable) à l'ouverture des frontières et au libre-échange.

Encadré 1 : la théorie des avantages comparatifs de Ricardo

Mieux que d'illustrer cette théorie avec des pages d'équations, imaginons une organisation simpliste du monde avec deux pays et deux biens[10]. Le pays A et le pays B produisent du fromage et du vin, pour l'accompagner dans les règles de l'art (nous ne sommes pas français pour rien). Le pays A dispose d'un fort savoir faire dans la production de ces deux biens, et peut produire chaque année 6 unités de fromage par tête et 5 unités de vin par tête. Le pays B, au climat moins favorable et au savoir faire moins ancestral, ne peut produire que 2 unités de vin et 4 unités de fromage respectivement. Imaginons que chaque pays compte 3 travailleurs. En totale autarcie, le pays A pourra produire 12 unités de vin et 5 unités de fromage en dédiant 2 travailleurs à la vigne et un travailleur au fromage. Le pays B pourra, dans les mêmes conditions, produire 4 unités de vin et 4 unités de fromage. On pourra toujours, dans le pays B, se dire que le vin doit être consommé avec modération, il n'en demeurera pas moins que cette organisation autarcique est totalement inefficiente.

Imaginons en effet que chaque pays décide de spécialiser ses travailleurs dans la production du bien où il dispose du meilleur avantage compétitif, c'est à dire dans la production duquel il est le moins mauvais. Le pays A produira donc du vin et aura, grâce à ses 3 travailleurs, 18 unités de vin (6 fois 3). Le pays B fera de même avec le fromage et aura in fine 12 unités de fromage (4 fois 3). Au total, le pays A et le pays B auront donc produit, dans cette nouvelle organisation, 18 unités de vin et 12 unités de fromage, contre 16 unités de vin et 9 unités de fromage au-dessus. Cela fait 2 unités de

---

[10] Pour être honnête, Ricardo avait utilisé le vin et le drap et non le vin et le fromage dans sa démonstration. Mais que diable, nous sommes en France !

vin et 3 unités de fromage de plus. Peut-on honnêtement dire que ce n'est pas efficace ?

Bien sûr, le lecteur attentif se posera immédiatement deux questions clés, à propos du raisonnement de Ricardo. 1) D'où viennent ces avantages compétitifs ? Ne peut-on pas les modifier et ainsi modifier les termes de l'échange ? Et 2) C'est bien beau de produire plus, mais comment s'assurer que la redistribution internationale du surplus est équitable ?

D'où viennent les avantages compétitifs ?

Cette question est fondamentale et explique largement l'organisation actuelle, et sans doute pérenne, du commerce international. Quelques décennies après Ricardo, Eli Heckscher et Bertil Ohlin rompaient le suspense insoutenable qui taraudait économistes et dirigeants politiques. Pour eux, les avantages compétitifs avaient une origine simple : la dotation en facteurs de production, c'est à dire l'abondance relative du facteur travail ou du facteur capital. Intuitivement, lorsqu'un pays dispose d'un facteur de production en abondance, il peut se spécialiser dans la production de biens incorporant une large part de ce facteur de production. Ainsi, la Chine excellera dans l'industrie du textile ou du jouet, qui nécessite peu de capital (au moins pour le textile bas de gamme) mais beaucoup de main d'œuvre peu qualifiée. Ainsi encore, la Corée du Sud ou le Japon domineront dans les chantiers navals, secteurs très capitalistiques, grâce aux afflux massifs de capitaux et aux choix des dirigeants de ces pays d'investir tout aussi massivement pour constituer des leaders internationaux.

On peut déplorer les délocalisations des industries de main d'œuvre vers l'Asie du Sud-est, mais elles sont malheureusement inéluctables et d'ailleurs bénéfiques pour la croissance internationale et le pouvoir d'achat. Le consommateur européen trouve son compte dans les boutiques d'habillement ou dans les grandes surfaces, avec des petits électroménagers *Made in China* à des prix défiants toute concurrence. Le salarié des usines de textile y trouve certainement moins son compte, lorsqu'il assiste à la délocalisation de ses outils de production en Chine. Mais il sera néanmoins ravi d'apprendre à la télévision les succès de l'industrie aéronautique ou spatiale, du luxe ou de la pharmacie française, secteurs très intensifs en matière grise. Et oui, le travail qualifié ou très qualifié est ce qui fait notre différence et notre avantage compétitif au sens de Heckscher et d'Ohlin. Produire des avions de ligne ou des produits de haute technologie nécessite certainement un haut niveau de formation des ingénieurs et chercheurs, mais aussi une organisation très sophistiquée articulant entreprises, sous-traitants, centres de formation et de recherche, infrastructures de communication. Cette organisation est encore, pour une large part, l'apanage de quelques pays au monde, dont la France. Mais là encore, et nous le verrons plus tard, notre avance s'érode sans que nous nous en rendions réellement compte, et sans que les choix politiques de souveraineté économique et de maintien de notre avantage compétitif ne soient pris.

Efficacité économique du libre échange et redistribution – peut- on concilier les deux ?

Les modèles et théories économiques ont la fâcheuse habitude d'être souvent justes mais d'être également instrumentalisées par les décideurs politiques. En effet, malgré les émotions compréhensibles devant les délocalisations et les tentations protectionnistes, le libre-échange est l'organisation la plus efficace, économiquement, car elle est celle qui permet d'optimiser la création de richesses à partir des ressources finies qui nous environnent (matières premières, travail et capital). Le dire ne justifie en rien les excès du libéralisme sauvage et ne préjuge en rien de la redistribution du surplus. Et c'est bien là que le bât blesse.

Depuis la fin des années 80, le PIB moyen par habitant du monde a progressé de 26% et la population mondiale a progressé de 34%. Cet accroissement de richesse mondiale de près de 60% ne peut ni être ignoré, ni sous-estimé. Depuis la fin des années 80, le commerce international a triplé et sa part dans le PIB mondial a presque doublé, à plus de 50%. Là encore, il est difficile de ne pas reconnaître honnêtement que les échanges internationaux ont été le principal vecteur de croissance économique. Mais derrière les chiffres bruts, se cachent deux nuances de poids, qui illustrent la pertinence de la question posée plus haut. L'augmentation massive des richesses produites dans le monde a été très inégale. Si certains pays comme la Chine ont connu une réelle explosion de leur richesse, passant en dollars courants de 350 milliards de dollars en 1989 à environ 5 000 milliards en 2011 (soit une multiplication par 17), d'autres pays comme la France ont cru beaucoup plus modestement. En 1989, le PIB de notre pays s'établissait à environ 980 milliards d'euros et a progressé jusqu'à 1 930 milliards d'euros en 2010, soit un doublement en euros constants[11]. En pouvoir d'achat par tête, pour être plus tangible, la Chine progressait d'un facteur 10 lorsque la France n'évoluait que de 25%. Le surplus de production a donc été réel depuis 1989 mais sa répartition a été très largement au bénéfice des pays émergents, Chine en tête. C'est la première conclusion.

Le constat est malheureusement identique à l'intérieur même des pays. Les fruits de la croissance n'ont, nul part, été répartis équitablement. En Chine, des fortunes considérables se sont constituées au cours des 20 dernières années et le pays est devenu massivement inégalitaire. En 2005, les 10% les plus aisés en Chine gagnaient 22 fois le revenu des 10% les plus modestes (certes contre 89 fois plus au Brésil, qui est le vainqueur toutes catégories), contre 9,6 fois en France, avant transferts sociaux. Après redistribution interne, notamment via la fiscalité et les aides sociales, les écarts restaient inchangés en Chine alors qu'ils n'étaient plus que de 5 fois en France. Ces écarts n'ont cessé de s'élargir dans les pays émergents et dans une moindre mesure en France, où les aides sociales généreuses et surtout l'indexation du SMIC sur le niveau des prix et ses nombreux coups de pouce ont permis de stabiliser les écarts de revenus (mais pas de patrimoine). En 2011, la Chine comptait 115 milliardaires en dollars contre seulement 12 pour la France, selon le décompte du magazine américain Forbes. Pas mal pour un pays dont la richesse par habitant était de 6 000 dollars en parité de pouvoir d'achat, contre 33 100 dollars en France.

Ce sont ces inégalités que l'on retient aujourd'hui, et pas les succès réels du libre-échange et les chiffres phénoménaux d'accroissement de la richesse mondiale que les échanges internationaux ont

---

[11] Une petite précision utile : le doublement du PIB en euros constants tient donc compte de l'effet de l'inflation, qui n'est pas une augmentation de richesse à proprement parler, ainsi que de l'augmentation de la population. Hélas, la richesse par habitant n'a pas doublé en France depuis 1989...

favorisé. Car si l'on passe de la théorie économique à la pratique, bien sûr, l'illustration de Ricardo fait moins sourire. Il suffit en effet, au lieu de vin et de drap, de penser sidérurgie et électronique grand public, ou automobile et aéronautique, pour revenir à des considérations plus tangibles pour beaucoup. Les anciens ouvriers du textile, du jouet, de la sidérurgie de base, de la filière électronique grand public, lancée dans les années 60 et 70 à grands renforts d'argent public en savent quelque chose. Lorsqu'on est le « sacrifié » du modèle économique de libre-échange, l'équation de Ricardo passe mal, même si elle est exacte. Et d'autant plus mal que la deuxième partie du raisonnement de Ricardo, telle qu'enrichie par Heckscher et Ohlin, a été oubliée en cours de route. Laisser partir la filière textile française (qui ne compte plus dans notre pays qu'environ 200 000 salariés en 2011 contre plus de 800 000 en 1990) vers l'Asie du Sud-Est notamment, parce qu'aux termes de l'échange, on achète les vêtements produits à coût symbolique de Chine pour vendre des Airbus, cela n'a de sens social que si l'on permet aux anciens salariés du textile de se former pour apprendre un nouveau métier, en essor. Une ouvrière de Lejaby, entreprise désormais connue dans tous les foyers français, ne deviendra pas toute seule technicienne aéronautique. Elle ne quittera pas sa ville d'Yssingeaux, au cœur de la Haute-Loire, pour s'installer à Toulouse avec sa famille, près de l'usine Airbus. L'évolution des qualifications et la reconversion industrielle sont des éléments clés du contrat social, et d'autant plus dans les filières menacées de délocalisation ou par la concurrence étrangère.

Effectivement, le volet « national » et social de l'ouverture des frontières au libre-échange a été le parent pauvre de la politique économique. Or, il aurait du lui être indissociable. La politique sociale n'est pas que l'accompagnement anesthésiant des réformes impopulaires. Elle est et doit être aussi préventive. L'Etat aurait du regarder plus loin, pour anticiper. Il ne l'a pas fait, ou si peu. Il a préféré, enrobé dans des bonnes intentions, orienter l'argent public, par définition précieux, vers des réformes au mieux inutiles et parfois contre-productives. Les salariés des haut-fourneaux de Lorraine étaient, pour la plupart, encore jeunes et pouvaient (et voulaient) apporter à la société. Leur requalification n'aurait pas coûté plus cher que les plans dispendieux de pré-retraites. En 1994, soit une quinzaine d'années après les premiers plans, 352 000 personnes en bénéficiaient encore. Le secteur des charbonnages a été le plus touché, avec trois plans massifs qui ont emporté 63% des effectifs

(88 000 personnes au total entre 1979 et 1987). En Lorraine, presque 10 ans après le début des grands plans de coupe de la sidérurgie, 35 000 anciens ouvriers continuaient à percevoir, en moyenne, un peu plus de 7 000 francs par mois pour rester chez eux, en attendant la retraite.

Le scandale n'a pas été de restructurer des industries ou des secteurs qui n'étaient plus rentables. Le scandale a été de traiter, comme un leitmotiv, le volet social par des flots ininterrompus d'argent public, tels une perfusion de somnifère, au lieu d'investir. Investir dans des secteurs d'avenir. Investir dans le capital humain. Le dogme était – et reste dans une large mesure – qu'un salarié n'est pas reconvertible à partir de 50 ans. Alors que penser effectivement d'un ancien ouvrier métallurgiste ou des charbonnages de France qui aurait 55 ou 57 ans ! Et pourtant, ces hommes et ces femmes, pour l'essentiel, voulaient travailler. Des bassins d'emplois entiers se sont effondrés du jour au lendemain, en devenant uniquement des banlieues ou campagnes-dortoirs où toute activité avait disparu. Dans les régions du Nord et de Lorraine, le taux d'emploi des hommes de 55 à 59 ans n'était plus que de 55% en 1994, contre 80% au début des années 70. 25 points de baisse en une vingtaine d'années, alors même que l'espérance de vie augmentait de 6 ans sur cette même période. Le taux d'emploi des hommes de 60 à 64 ans, les fameux seniors, n'était plus que de 20% en 1994, et il a encore baissé depuis cette date. De tous les pays européens, de telles chutes n'ont été enregistrées qu'en France et aux Pays-Bas. Les statisticiens se réjouiront donc de voir que nous ne fûmes pas seuls à confondre traitement social des restructurations industrielles et destruction de potentiel économique et humain. Je ne suis pas sûr que les sidérurgistes partageront ce point de vue.

Toutes ces politiques sociales ont coûté cher – très cher même. Ce constat n'est en aucun cas fait pour culpabiliser ceux que l'on visait à protéger du chômage en les faisant disparaître des statistiques du Ministère du Travail. Ils n'ont pas vraiment eu le choix et il est fort à parier qu'ils auraient préféré continuer à travailler dans des secteurs d'avenir. Cela aurait été un tout petit peu plus enthousiasmant que d'attendre chez eux les premiers signes de la vieillesse.

En cumulé, les dépenses publiques ont augmenté de 7,5 points de PIB entre 1978 et 2010 (de 49,1% à 56,6% du PIB), essentiellement tirées par les dépenses sociales qui ont représenté 70% de la hausse sur cette même période. Bien sûr, tout ne fut pas des préretraites, loin s'en faut. Mais une telle augmentation doit interpeller, notamment en comparaison des coûts finalement bien modestes des formations qualifiantes et des participations en capital que l'Etat aurait pu faire pour promouvoir les ré-industrialisations ou les reconversions.

En 2010, la France a dépensé au sein de ses différentes branches publiques (Etat, collectivités locales et organismes de Sécurité Sociale) 9,6 points de PIB de plus que l'Allemagne, qui a obtenu de meilleurs résultats économiques, soit dit en passant. Il est difficile de penser ou de faire croire que l'Allemagne soit sous-administrée, mal soignée ou que les retraités y soient misérables. Ce n'est pas le cas. Tous les indicateurs sociaux, sanitaires et de développement humain y sont similaires à la France. Les résultats scolaires y sont largement meilleurs, au moins si l'on se fie aux tests PISA[12] conduits par l'OCDE. Si l'on retraite ces 9,6 points des investissements publics et des dépenses de défense (car indirectement la France paie seule une partie de la défense européenne), l'ardoise reste lourde – près de 6 points de PIB, soit environ 120 milliards d'euros. De telles sommes ne parlent qu'aux économistes. 120 milliards représentent près de 10% du total des salaires et rémunérations en France, ou encore 3 grands emprunts d'avenir *par an !*... De l'argent public, il y en a toujours eu et il en reste beaucoup en France. La question clé a été et demeure celle de son allocation. Et là, la France mérite le bonnet d'âne.

Encadré 2 : le tournant libéral de la politique européenne

Longtemps, la Commission européenne fut la promotrice d'une politique communautaire et de l'intégration européenne grâce à de grands projets : on se souvient la Communauté européenne du charbon et de l'acier, EURATOM et même de la politique agricole commune (là la France dut légèrement tordre le bras de quelques commissaires)... Depuis le début des années 80 néanmoins,

---

[12] Pour les tests 2009, l'Allemagne se positionne en 16ème position en mathématiques (France 22ème), 13ème en sciences (France 27ème), et 20ème en lecture (France 22ème). Pour des pays à ce point fiers de leur système éducatif, n'y a-t-il pas matière à introspection ?

l'approche a changé et l'essentiel du travail communautaire a consisté à lever les obstacles au libre-échange et à libre concurrence, en privilégiant des directives cadre et en délaissant totalement les questions de souveraineté ou d'impulsion économique. Les principales cibles de Bruxelles furent les grands réseaux d'infrastructures, qui, les uns après les autres, durent s'ouvrir à la concurrence et céder leurs situations de monopole (électricité, transport ferroviaire, poste, télécommunications)... Tout cela est bel et bon et la réalité pousse à dire que ces mêmes services, fussent-ils publics en France, y ont en général gagné en efficacité et leurs clients en coût (l'électricité étant un contre exemple notable).

L'approche libérale de la Commission européenne trouve toutefois ses limites en ce qu'elle promeut une politique de levée des entraves au libre-échange à l'intérieur de nos frontières, sans se soucier de questions de réciprocité (ou si peu), et sans mesurer les conséquences funestes sur la compétitivité des entreprises européennes, concurrentes des entreprises extra-communautaires mais accablées de règlements tatillons ou de normes parfois absurdes. De plus, fidèle à son approche libérale traditionnelle, la Commission ne s'intéresse que très peu aux grands enjeux de souveraineté (indépendance et approvisionnement énergétique, maîtrise des technologies de souveraineté, défense), ce qui expliqua également les nombreux clashs politiques avec la France gaullienne, puis avec les successeurs du Général comme François Mitterrand, Jacques Chirac (projet de nouveau marché transatlantique) ou Nicolas Sarkozy (gestion hasardeuse de la crise par la Commission).

1.4. La politique des loisirs à l'intérieur

Vu comme cela avec plusieurs décennies de recul, ces conclusions peuvent paraître lapidaires et sont certainement pour une part injustes. Elles illustrent un élément clé, que l'analyste extérieur méconnait lorsqu'il ne l'ignore pas simplement : l'économie n'est en aucun cas une science exacte et la politique économique est formidablement complexe. Par définition, de ses racines étymologiques grecques, l'économie est la gestion de la pénurie. A partir de produits ou ressources de base limitées (main d'œuvre, savoir faire, capital, matières premières, temps), il faut essayer de produire le plus possible, en faisant en sorte de ne pas hypothéquer l'avenir en consommant tout, et en respectant les grands équilibres. Il faut accepter d'épargner et d'investir pour préparer l'avenir. En économie ouverte, il faut veiller à équilibrer le commerce extérieur et la balance des paiements car tout déséquilibre structurel et durable mène à l'appauvrissement irrémédiable. Pour cela, il faut renforcer la compétitivité des entreprises pour les rendre plus fortes à l'exportation tout en assurant aux travailleurs français le juste fruit de leurs efforts, par des rémunérations adéquates. Lesquelles soutiendront la consommation, qui pourra aussi bénéficier aux entreprises étrangères et donc aux importations si nos propres entreprises sont moins efficaces, moins compétitives ou moins présentes sur les marchés de biens de consommation.

L'Etat doit donc jouer sur les leviers dont il dispose pour mettre la machine en mouvement, en ne sachant d'ailleurs pas toujours comment la machine bougera réellement[13]... C'est ce qu'il fit en 1975, puis à nouveau en 1981 ou encore en 2009 avec le plan de relance. Il est impossible de tout anticiper naturellement et souvent, les plans de relance durent être amendés en cours de route, à mesure que leurs effets, ou absence d'effets, se faisaient sentir. C'est la règle. Mais si la surprise fait toujours parti de la vie, tout n'est pas aléatoire non plus. L'identification des enjeux clés est toujours un prérequis nécessaire lorsqu'il s'agit d'engager les ressources publiques, par définition limitées et précieuses. En 1975, le consensus fut que le plan Chirac n'eut pas les effets escomptés mais

---

[13] Et au vu de certaines décisions, sans savoir parfois comment la machine fonctionne...

il permit de renforcer la compétitivité de notre pays sur le segment très concurrentiel des biens d'équipements et d'éviter une récession en 1975 et 1976, que tous les conjoncturistes prévoyaient. L'élément de trop dans l'équation fut le prix du pétrole, hors de contrôle, qui pesait structurellement sur notre balance des paiements et sur l'inflation (entre 11 et 14% durant cette période). Par la suite en revanche, les choix furent différents, et pas nécessairement cohérents…

En 2010, les dépenses publiques (auditées) de la France se sont élevées à 1 094 milliards d'euros, soit 56,6% du PIB. Un record que peu d'autres pays nous envient, malgré les incantations de quelques-uns. Ces dépenses sont de natures très diverses naturellement. 45% étaient des prestations sociales, 35% des dépenses de fonctionnement (essentiellement les salaires des agents publics et les coûts de leurs consommations), 10% des subventions et transferts courants, 6% des investissements et 4% les charges d'intérêt de la dette. La comparaison des deux derniers chiffres est d'ailleurs savoureuse : la France dépense en gros marginalement moins pour payer les intérêts de sa dette que pour investir dans ses infrastructures publiques… Beau résultat.

Ces dépenses n'ont fait que croître au cours des 50 dernières années, de près de 20 points de PIB. Partant de 35% du PIB en 1960, le chiffre dépassait pour la première fois la barre symbolique des 50% au début des années 80, pour ne plus jamais la retraverser en sens inverse. Que penser alors des débats et des diatribes enflammées de certains, qui hurlent leur colère devant l'ultra-libéralisme qui est censé étouffer la France depuis une dizaine d'années ? Avec les 3 cinquièmes du PIB englouti dans la dépense publique, qu'en serait-il si nous étions une économie sociale-démocrate ? Et malgré ces sommes phénoménales, il n'est aucun jour sans que la presse ou la télévision ne se fasse l'écho de la sous-administration de la France. Pour les uns, l'école agonise. Pour les autres, l'hôpital se meurt en sous-effectifs, malgré les 100 000 embauches d'infirmières des 10 dernières années...

Pourtant, ce ne sont pas tant ces sommes ou ces pourcentages qui devraient interpeller. Ce sont les résultats économiques obtenus. Il est peu de dire qu'ils sont très décevants. Bien sûr, l'objet n'est pas de succomber au misérabilisme ou de ne pas reconnaître que la France reste un pays riche, puissant et finalement bien formé et en bonne santé. Nous nous situons toujours en tête du classement de l'indice de développement humain, à la 19ème place en 2011, en chute néanmoins de 12 places depuis 2009... Cet indicateur développé par le Programme des Nations Unies pour le développement est un indice composite qui classe les différents pays membres des Nations Unies selon trois critères : l'espérance de vie, le niveau d'éducation et le niveau de vie. L'objet de cette analyse est de démontrer que les choix de dépense publique, depuis une petite trentaine d'années, ont été largement inefficients et surtout largement viciés. En gros, la France qui était fine stratège jusqu'à la fin des années 70, n'en a pas eu pour son argent depuis et a gaspillé des sommes considérables. Mais plus préoccupant, la France a fait de la dépense publique une finalité, un dogme et de son financement à crédit une habitude délétère. Avec au final, une dette record, des impôts confiscatoires, une administration étouffée sous ses propres effectifs, une insatisfaction des usagers des services publics, des performances économiques plombées et une compétitivité en berne. Joli résultat.

Depuis les années 50 et l'immédiat après-guerre, il y a finalement eu trois phases distinctes dans la progression et la structure des dépenses publiques. La fin du redressement économique, jusqu'au premier choc pétrolier en 1973. La phase de la transition économique jusqu'au début des années 80. Puis la phase que j'appelle la politique des loisirs. Une rétrospective rapide va permettre de démontrer que tous les grands projets qui font aujourd'hui la force symbolique de la France (infrastructures, TGV, réseau électronucléaire, Ariane, Airbus) sont tous les fruits des plans ambitieux des années 60 et 70, parfois amplifiés après, il faut le reconnaître. Mais leur impulsion commence à dater. Et, depuis le début des années 80, les choix ont été différents. On a préféré dépenser l'argent public pour réduire le temps de travail, augmenter l'encadrement public, développer les loisirs et le temps libre, et s'attacher à promouvoir la culture et les grands travaux de prestige. Ce fut bel et beau. Mais ces choix ont affaibli la France et nous en payons le prix aujourd'hui, avec une dette considérable qui n'a malheureusement payé que les loisirs et le temps libre, et non la préparation de l'avenir et l'investissement.

La France des années 60 – le redressement économique en marche

La phase de l'après-guerre est certainement la période économique la plus faste que notre pays ait connu, après celui du démarrage industriel dans la seconde moitié du 19ème siècle. En 1945, le panorama est pourtant bien triste. Le pays est dévasté par les combats et par 5 ans d'occupation qui ont placé le pays sous un glacis. Les structures industrielles sont moribondes ou ont été détournées par l'occupant pour soutenir l'effort de guerre. On estime que la production industrielle française n'atteint en 1945 que 40% de celle de 1939. C'est l'équivalent d'une récession annuelle moyenne de 10% pendant les 5 années de guerre – inutile de dire que nous sommes loin des conséquences des plans d'austérité européens dont on parle en 2012. Les infrastructures de transport sont en ruines, après avoir été sabotées par la Résistance, détruites par les Allemands dans leur fuite ou bombardées par les alliés. L'agriculture, faute de matériel, de carburant, d'engrais et de réseaux de transports dignes de ce nom, ne suffit que marginalement à nourrir la population. Les tickets de rationnement dureront jusqu'en 1948.

Il fallut donc tout reconstruire et la France excella dans cette entreprise. Elle dut certainement sa renaissance à l'addition de trois facteurs clés. Tout d'abord, la fierté nationale reprit le dessus et il y eut une union sacrée de toutes les forces économiques et sociales, et notamment des syndicats et du parti communiste, pour redresser notre pays. Mais il y eut aussi l'organisation visionnaire et planifiée née du Conseil National de la Résistance et du Commissariat Général au Plan, placé sous la responsabilité de Jean Monnet. Et il y eut enfin le fameux Plan Marshall qui permit à l'Europe de consommer et de financer de vastes projets d'investissements.

Dès janvier 1946, Monnet élabore son « plan de modernisation et d'équipement » en donnant priorité à six secteurs stratégiques fondamentaux : le charbon, l'électricité, les transports ferroviaires (rappelons-nous que l'automobile était marginale à l'époque), la sidérurgie, la cimenterie, le matériel agricole. Tout était nécessaire pour reconstruire le pays, au sens propre, et nourrir la population. Si le secteur agricole ne recouvre plus qu'un petit million d'actifs en France en 2012, près de 10 millions de personnes travaillaient la terre en 1945. Les exploitations étaient petites, mal équipées. Mais là aussi la productivité connaîtra un bond phénoménal grâce à l'automatisation, au développement des engrais et des techniques scientifiques que l'Institut National de Recherche Agronomique (INRA), créé également en 1946, met sur pied. En 1970, le pays recouvre son autosuffisance alimentaire et commence à exporter massivement ses produits agricoles et agroalimentaires. Cette force économique est trop souvent sous-estimée ou méconnue en France, et il convient de rappeler que jusqu'au milieu des années 2000, l'excédent commercial agricole avoisinait les 9 milliards d'euros, soit presque autant que le secteur automobile (11 milliards d'excédent commercial en 2002) ou encore le secteur aéronautique (12 milliards).

La Planification économique contribue fortement au redressement. C'est bien sûr d'actualité, avec l'émergence de l'Union Soviétique et la guerre idéologique qui va déchirer l'Europe jusqu'en 1989. Mais c'est surtout la technique la plus efficace pour organiser l'économie lorsque plus rien ne fonctionne. Il convient en effet de reconstruire les infrastructures, d'avancer séquentiellement pour consolider les acquis, de ne pas brûler d'étapes et de ne pas gaspiller les maigres financements. Le deuxième Plan (1954-1957) étend les secteurs concernés. L'industrie de base ayant redémarré, on peut passer à l'étape suivante. Des infrastructures publiques sont construites sur tout le territoire, écoles et hôpitaux. L'éducation et la formation professionnelle deviennent clés pour accompagner la réindustrialisation et la transition des campagnes vers les usines. En moins d'une trentaine d'année et grâce à la multiplication par 6 de la productivité agricole, la part du secteur primaire dans la population active chute de près de 50% en 1945 à moins de 10% en 1975 alors que l'industrie culmine à cette date à 40% de la population active. Ce sera l'apogée du secteur industriel en France et il ne fera que s'étioler après cette date.

Les troisième et quatrième Plans (respectivement 1958-1961 et 1962-1965) permettent de gérer, enfin, des problèmes de riches, en faisant passer la France du stade de la pénurie à celui de la consommation de masse. Le plan d'équipement public s'amplifie, pour mieux accueillir les nouvelles générations du Baby Boom qui arrivent à l'âge des études. Les biens de consommation se démocratisent. Si on compte moins de 3 millions de voitures automobiles en 1957, le parc dépassera les 11 millions en 1965 et 21 millions en 1980. Entre 1950 et 1957, les ventes de téléviseurs triplent, les ventes de réfrigérateurs sont multipliées par 6 et les ventes de machines à laver par 5. A la lecture de ces chiffres, on comprend mieux que la période des « Trente Glorieuses » reste évoquée avec nostalgie dans notre histoire. Tout était possible car la croissance était forte, soutenue et pérenne. La vie était pourtant bien plus dure qu'aujourd'hui, et il faut se rappeler que les logements insalubres étaient très répandus, que les études restaient élitistes (moins de 50 000 bacheliers contre près de 600 000 de nos jours) et que les télévisions n'équipaient qu'un foyer sur 4, avec 2 chaînes en noir et blanc... Mais la tendance était claire et chaque personne avait le sentiment optimiste que sa situation ne ferait que s'améliorer et surtout que celle de ses enfants serait encore meilleure. L'optimisme est un élément fondamental en économie de marché, car elle conditionne le bien-être au travail, la hausse de la productivité et donc des richesses produites, la maîtrise de l'épargne et donc le soutien à la consommation. La France souffre sans nul doute d'avoir perdu l'espoir en l'avenir et la conviction que la qualité de vie continuera à progresser.

Bien sûr, tout ne fut pas aussi idyllique et l'après-guerre fut aussi une période de déficit chronique de notre balance commerciale, de domination technologique des Etats-Unis, de domination diplomatique jusqu'au sursaut Gaulliste, de fortes poussées d'inflation et de déséquilibres monétaires. Les crises extérieures, notamment liées aux conflits de décolonisation (Indochine puis Algérie) ou aux stigmates de la Guerre Froide (crise de Suez, conflits israélo-arabes de 1956 et 1967) agitèrent le monde et la France en particulier, où la conscience politique est certainement plus développée qu'ailleurs, avec un parti communiste à plus de 25% dans les suffrages. Le service national durait 18 mois et sera même porté à 30 mois pendant la guerre d'Algérie, où plus de 400 000 soldats français auront combattu. Cela semble aujourd'hui anecdotique mais dans une vie de travail, deux ans de service militaire obligatoire pèsent fortement sur une économie, en éloignant des forces vives des lieux de savoir et de production.

Les Trente Glorieuses furent une sorte d'âge d'or de notre économie, qui intégrait dans le monde du travail 450 000 nouveaux travailleurs chaque année et notamment un nombre croissant de femmes. Le chômage étant inexistant (1,5% de la population active en moyenne), la population active augmentait de plus d'un pourcent par an et l'investissement d'un chiffre identique. Ainsi, pour atteindre les 5% de croissance moyenne, près de 3 points étaient expliqués par la hausse de la productivité, c'est à dire de la production horaire des travailleurs. Ce point est fondamental car il permet également de mieux comprendre le sentiment d'opulence et de bien être de cette époque, ainsi que la capacité qu'a eue notre pays à développer massivement les infrastructures publiques, les prestations sociales (création du régime d'assurance chômage en 1958 par le général de Gaulle, élargissement des régimes d'assurance retraite, politique familiale). La hausse de la productivité permet seule d'accroître la richesse par tête et les revenus, notamment dans un pays à la démographie dynamique et qui doit donc intégrer de nouveaux bras dans le marché du travail. Entre 1945 et 1975, les deux tiers des gains de productivité furent ainsi redistribués sous forme de hausses de salaires, et un tiers environ fut consacré aux biens collectifs, aux prestations sociales et à la hausse de la compétitivité de nos entreprises, c'est à dire à l'amélioration des marges opérationnelles.

Et c'est bien la chute de cette même productivité qui explique, bien plus que le premier choc pétrolier, la fameuse crise économique des années 70.

Le premier choc pétrolier et les années 70 – la France des contrastes

La vulgate géopolitique impute à Israël la responsabilité du premier choc pétrolier en 1973. C'est sans doute aller un peu vite en besogne. La réalité est plus complexe et la décision surprise de l'OPEP de provoquer un embargo des ventes de pétrole le 16 octobre 1973 a 3 causes bien distinctes et aura des conséquences fondamentales sur les économies occidentales, et sur la notre en particulier.

Comme la quasi-totalité des matières premières, et plus encore dans l'immédiat après-guerre, les cours du pétrole étaient libellés en dollars. Or, au début des années 70, après plusieurs années tendues de déficit devenu structurel de la balance commerciale et des paiements courants, l'Amérique de Nixon décida unilatéralement et par voie de communiqué, de suspendre la convertibilité du dollar en or, qui était l'un des fondements de l'organisation financière internationale née des accords de Bretton Woods en 1944. Du jour au lendemain, le système de changes fixes, encadré par la référence centrale du dollar (*as good as gold*, et pour cause puisque les heureux possesseurs de dollars pouvaient à tout moment demander à la Réserve Fédérale leur contre-valeur en or, au prix de 35 dollars l'once) s'effondra et le cours des monnaies commença à fluctuer au gré des marchés de capitaux. Dans le cas du dollar, la fluctuation se fit surtout dans un sens, celui de la dépréciation par rapport à la plupart des autres devises. Les pays exportateurs de pétrole recevaient donc des dollars en guise de paiement de leurs barils, mais leur pouvoir d'achat international s'effondrait, les empêchant ainsi de poursuivre au même rythme leurs dépenses de prestige et de confort (automobiles de luxe, bijoux, construction de palais grandioses) mais aussi de maintenir la cohésion sociale de leur population via des subventions généreuses. Et lorsqu'on parle de l'Arabie Saoudite, de l'Iran, de l'Irak, du Koweït, pays parfois peu homogènes confessionnellement et aux immenses inégalités sociales, il faut comprendre que la question de la cohésion et de l'étouffement des troubles était et demeure une question de survie politique pour les classes dirigeantes parfois assez peu légitimes. Ce fut le premier et principal facteur expliquant le premier choc pétrolier : on peut l'appeler la cupidité des pays exportateurs, ou leur volonté de maximiser leur patrimoine, suivant le point de vue que l'on adopte. Le second facteur fut la chute de la production domestique de pétrole aux Etats-Unis. A cette époque encore, les Etats-Unis étaient à la fois le premier consommateur de pétrole, et de loin, mais aussi le premier producteur, grâce notamment aux gisements au Texas et dans le Golfe du Mexique. Mais comme toutes les bonnes choses ont une fin, les Etats-Unis devinrent massivement importateur de pétrole à partir de 1970 (10% de leur consommation cette année là, jusqu'à 65% de nos jours). Cette triste réalité, que le Président Nixon tenta de garder secrète pendant quelques mois, en multipliant les audits et prospections sur le territoire américain, ne manqua pas d'intéresser les pays de l'OPEP, qui venait de gagner un formidable moyen de pression politique sur leur « allié[14] » américain.

Enfin, et pour éviter que la cupidité et le cynisme ne soient trop visibles dans la décision de l'OPEP, il manquait un catalyseur pour justifier l'embargo. Israël leur apporta sur un plateau. Le 6 octobre

---

[14] Notamment l'Arabie Saoudite, qui scella avec les Etats-Unis le fameux pacte du Quincy en 1945, au titre duquel les Etats-Unis s'engageaient à protéger, non pas d'ailleurs le Royaume mais bien la famille Saoud, de façon inconditionnelle en contrepartie de l'approvisionnement énergétique ad hoc.

1973, une coalition formée essentiellement de l'Egypte et de la Syrie attaqua par surprise l'Etat hébreux lors de la fête juive du Yom Kippour (fête du Grand Pardon, principale fête juive de l'année). En quelques heures, et grâce à une supériorité numérique massive (10 contre 1 sur le plateau du Golan et dans le Sinaï), Israël dut reculer pour la première fois de son histoire. Les forces égyptiennes et syriennes étrennaient leurs nouvelles armes de pointe russes, et notamment des missiles anti-char et anti-aériens (SA-6) qui devaient fortement entamer la supériorité aérienne israélienne dans le conflit. Mais l'expertise de Tsahal permit à Israël de reprendre le dessus, certainement aidé par des livraisons massives d'armes américaines. En moins de 72 heures, la situation critique dans le Golan et le Sinaï s'inversa du tout au tout et Israël franchit la frontière syrienne, en avançant sur Damas. Une nouvelle fois, les armées arabes étaient défaites dans une guerre contre Israël. Et cette fois, la défaite était d'autant plus humiliante que l'attaque avait été surprise et avait manqué de réussir.

Devant ce spectacle, l'OPEP trouva l'occasion rêvée. Elle put prendre une décision purement cynique en faisant porter le chapeau à Israël. En gros faire d'une pierre deux coups et s'en sortir avec le beau rôle. Mais ce beau rôle eut des conséquences essentielles sur les économies occidentales. Du jour au lendemain, les prix du pétrole augmentèrent de 3 à 18 dollars le baril, soit une multiplication par 6. Aucune économie occidentale n'était préparée à cela. Toutes consommaient l'énergie, et notamment le pétrole, avec un appétit vorace. Transports, production électrique, pétrochimie, tout était fondé sur le pétrole abondant et bon marché. Le choc fut donc terrible. En France, on l'estima à 2 points de PIB en 1974[15]. En moins de 1 an, la balance énergétique creusa de près de 10 points le ratio de couverture exportations sur importations, en faisant passer notre balance commerciale en territoire négatif.

Mais à lui seul, le premier choc pétrolier, aussi rude fut-il, n'aurait pas expliqué la crise économique de la deuxième moitié des années 70. Dans le même temps, et sans aucun lien avec la décision de l'OPEP, le monde occidental et notamment la France enregistra une chute de

---

[15] Pour mesurer utilement ce chiffre, il faut noter que le plan de relance que François Mitterrand réalisa quand il arriva au pouvoir en 1981 (retraite à 60 ans, hausse du SMIC, embauche de milliers de fonctionnaires) coûta 1,8 points de PIB...

sa productivité. Le rattrapage économique et technologique avec les Etats-Unis se terminait et les progrès techniques devenaient plus rares. La société était désormais organisée autour de la consommation de masse, les taux d'équipement en matériel électroménager avaient progressé massivement, le niveau de formation des salariés s'était considérablement accru, les techniques managériales « modernes » s'étaient généralisées. Il y avait donc moins de marges de rattrapage. Or, tout le modèle social français était conçu autour de la distribution de ces fameux gains de productivité. Et naturellement, faisant fi des réalités économiques, la distribution de ces gains, désormais imaginaires, continua sur sa lancée. De 5% par an en moyenne entre 1950 et 1973, les gains de productivité passèrent à 2,6% entre 1973 et 1979. Ce phénomène toucha naturellement tous les pays industrialisés dans les mêmes proportions, mais ce n'est qu'une maigre consolation.

En poursuivant les hausses de salaires sur le rythme antérieur, que la hausse de productivité justifiait alors, la compétitivité des entreprises s'affaissa. En moins de 5 ans, la part des salaires dans le partage de la valeur ajoutée, qui avait été relativement stable jusque-là, augmenta de près de 6 points, de 62% à 68% (le pic fut atteint en 1981). Ce fut un bien mauvais signal pour les investissements, dont la rémunération chuta du même montant, et alors même que l'inflation importée par la crise pétrolière pesait déjà sur la rentabilité du capital. Cette baisse de la compétitivité et des fondamentaux économiques mit plusieurs années pour se consolider. Les gouvernements parèrent au plus pressé, et notamment à la réduction de la facture énergétique (voir encadré). Le déficit commercial lié aux achats de produits pétroliers passa en effet de 18 milliards de francs en 1973 à 61 milliards de francs en 1976, alors que la France était massivement dépendante de l'extérieur pour sa consommation énergétique (plus de 80% contre 60% pour les autres pays de l'Europe occidentale). Ce double choc (énergie et baisse de la productivité) se traduisit naturellement par un accroissement significatif de l'inflation et par un étiolement des exportations, qui devenaient moins attirantes pour les pays voisins. La production industrielle chuta (non pas en valeur absolue car la croissance restait positive mais en part de marché relative – c'était des problèmes de « riches » à l'époque) et les excédents de la balance commerciale des produits industriels furent divisés par deux entre 1975 et 1977. Ce résultat bien terne cacha en fait un demi-succès. Si nos parts de marché à l'export diminuaient au moment même où les tensions sur les importations de pétrole auraient nécessité qu'elles augmentent, pour couvrir le renchérissement de nos besoins, nos exportations de biens d'équipements furent dynamiques, en progressant deux fois plus vite que les exportations totales (+40% sur la période 1973-1976 contre 19% pour le total des exportations). Mais ce succès, lié à l'habile réorientation de l'économie française vers ces biens d'équipements, cacha en effet la baisse de notre compétitivité sur le marché des biens de consommation, qui serait irrémédiable dans de nombreux secteurs. Or, irrigués par la hausse continue des salaires, on l'a vu, les Français continuaient à consommer avec enthousiasme. Mais ils ne consommaient plus français dans leur vie quotidienne. Ils consommaient allemand, japonais et découvraient, sur les produits textiles et le petit électroménager bon marché, les étiquettes *Made in Taiwan* ou *Made in Hong* Kong dans les rayons des supermarchés.

La boucle était bouclée et les ferments de la dégradation de notre économie étaient en germe à la fin des années 70. Déjà, la clé était l'incohérence entre la réelle et pertinente stratégie industrielle[16], qui visait à renforcer via de grands projets (TGV, Airbus, Ariane) et des investissements (largement soutenus par le plan Chirac de 1975) la production de biens intermédiaires, et la politique sociale qui consistait à soutenir, via des hausses de salaires régulières (que l'inflation entretenait d'autant plus) la consommation des ménages. Une telle spécialisation sur les biens intermédiaires et les biens d'équipement pouvait fonctionner en théorie, et finalement ce n'est guère que celle qui fait les beaux jours de l'Allemagne de nos jours. Mais pas avec une inflation galopante, une pression continue de notre balance énergétique nécessitant des investissements lourds dans notre outil de production électronucléaire. Pas avec une dégradation continue de notre compétitivité liée à la diminution de la rentabilité du capital, sous le coup, on l'a vu, de l'inflation et de la baisse des profits, grignotés par la hausse des salaires dans le partage de la valeur ajoutée. Et toujours pas en économie ouverte avec une balance commerciale déficitaire.

---

[16] Sauf à l'occasion des mesures de « rafraichissement » de l'économie du plan de rigueur de 1979 de Raymond Barre qui devait miner les investissements.

Encadré 3 : la réponse de la France aux crises pétrolières : le plan électronucléaire

L'une des premières décisions du général de Gaulle en 1945 fut de confier au tout nouveau Commissariat à l'Energie Atomique et à son premier Haut Commissaire, Frédéric Joliot-Curie, la construction de l'arme nucléaire et la recherche sur les applications civiles de l'atome. La France réalisa sa première expérimentation d'une arme le 13 février 1960 dans le désert du Sahara et continua, sur un mode expérimental, les recherches sur la production d'électricité d'origine nucléaire. Fruits des premiers travaux engagés dès les années 70, les deux premiers réacteurs de la centrale de Fessenheim furent raccordés au réseau en 1977. La choix était à la fois judicieux et visionnaire car, avant même que la crise du Kippour n'entraîne, comme nous l'avons vu, le premier choc pétrolier, le gouvernement de Pierre Messmer avait déjà prévu d'industrialiser l'effort, en portant jusqu'à 13 000 mégawatts l'objectif de production d'électricité d'origine nucléaire. Le quadruplement du prix du pétrole en 1973 devait naturellement entraîner à la fois une accélération du plan et son intensification.

A la fin 1975, la barre des 13 000 MW de production nucléaire fut atteinte, avec deux ans d'avance sur le plan Messmer. La cible de production passa alors à 50 000 MW à fin 1980, ce qui correspondait à 55 nouveaux réacteurs, et on comptait sur 170 réacteurs au total à l'horizon 1990. Cette dernière cible ne fut jamais atteinte, malgré le maintien de l'effort sous François Mitterrand, et la France construisit au total 58 réacteurs sur 19 sites (hors réacteurs expérimentaux et à finalité militaire). Toute une filière intégrée fut mise sur pied, en parallèle et en complément de cet effort, faisant de notre pays le numéro 1 mondial du secteur. L'usine de la Hague, ouverte en 1966 pour, à ses débuts, extraire le plutonium à usage militaire des combustibles usagés, fut reconvertie dans les années 70 en site civil de retraitement des déchets et de vitrification des résidus de longue durée de vie. Ultérieurement, la France devait également innover sur le combustible, avec le fameux MOX[17], mélange d'oxydes d'uranium

---

[17] En fait le MOX fut découvert dans les années 60 aux Etats-Unis. La France fut néanmoins en pointe pour développer un combustible d'application civile à partir du MOX, grâce à la COGEMA (ancêtre d'Areva).

et de plutonium, et avec les centrales EPR de troisième génération, dont les prototypes sont actuellement en construction en Finlande (Olkiluoto), en France (Flamanville) et en Chine (Taishan).

En 2009, le nucléaire représentait 79% de la production électrique totale en France, bien au-dessus des autres pays industrialisés ou émergents (en pourcentage car les Etats-Unis sont les premiers producteurs d'électricité d'origine nucléaire avec environ 807 000 MWh contre un peu plus de 500 000 en France). C'est un choix néanmoins payant car il nous permet une grande indépendance énergétique, un prix de l'électricité inférieur de 30% à la moyenne européenne et de figurer en tête des palmarès des pays européens les plus vertueux en matière d'émissions de gaz à effet de serre.

Les 30 piteuses ou la « politique des loisirs »

Si Jean Fourastié a popularisé l'expression de Trente Glorieuses, Nicolas Baverez est l'auteur de son pendant récent de Trente piteuses (*Trente piteuses*, Flammarion, 1997). A la lecture des performances économiques de la France des 30 dernières années, le terme est sans doute un peu excessif, mais il y a quelque chose de vrai malgré tout. Rappelons-nous la campagne présidentielle de 1981 et le choc de voir les chiffres du chômage dépasser la barre symbolique du million. Les chômeurs étaient 2,88 millions à fin mars 2012, soit près de 10% de la population active. La dette publique était de 22% du PIB en 1981 – elle atteindra 85% à la fin 2011. Bien sûr, entre les deux, il est difficile de reconnaître la France, tant les changements ont été profonds. Notre niveau de vie, mesuré par le PIB par habitant a augmenté de plus de 50% en euros constants et a été presque multiplié par trois en euros courants (donc en intégrant l'inflation pour simplifier). Les technologies ont massivement évolué. Le patrimoine des ménages a été multiplié par 10, de façon bien sûr non totalement uniforme dans la population. Les ordinateurs et les téléphones portables n'existaient que dans les forces armées, sous des formes de prototypes. Ils sont omniprésents aujourd'hui et personne n'imagine s'en passer.

Il est bien sûr difficile de faire le tri entre la conjoncture internationale telle qu'elle a été et les conséquences de choix politiques pertinents ou hasardeux. La période 1981-2012 a été marquée par des bouleversements internationaux, politiques, économiques, sociaux considérables. Rappelons-nous encore l'arrivée au pouvoir de François Mitterrand. Certains craignaient, parfois de bonne foi, l'entrée des chars russes à Paris, dans le cortège des ministres communistes. Le secrétaire général du parti communiste soviétique s'appelait Leonid Brejnev et n'était pas nécessairement un libéral convaincu, comme en témoignent l'écrasement du Printemps de Prague et les relations glaciales qu'il entretiendra avec les principaux dirigeants occidentaux. A l'époque, le KGB formait des divisions d'agents[18] infiltrés en Europe et aux Etats-Unis pour assassiner les principaux dirigeants politiques et économiques, en prélude à un assaut surprise des forces du Pacte de Varsovie, et ainsi décapiter les chaînes de commandement. Le 12ème directorat de l'Armée Rouge prenait livraison de quelques centaines de valises nucléaires[19] , en fait des armes tactiques aisément transportables dans des sacs à dos et au pouvoir de destruction suffisant pour vitrifier les centres ville des grandes capitales de l'Ouest ou certains ouvrages d'art. Tout cela durera jusqu'à la chute du Mur en 1989.

Moins lugubre, les chocs monétaires furent toutefois violents. Entre le mois de janvier 1980 et le mois de février 1985, le dollar passa de 4 francs à plus de 10 francs, pour s'effondrer de moitié à 5 francs à la fin 1990. De tels mouvements, signes d'un dérèglement des mouvements de capitaux, furent au cœur des sommets successifs internationaux, notamment du G7, depuis le fastueux sommet de Versailles en 1982 jusqu'au sommet du Plaza à New York en 1985. Au premier, le thème était d'encourager à l'appréciation du dollar, pour conjurer la baisse de la compétitivité de l'Europe, inondée de produits américains bon marchés et alors que le déficit budgétaire français battait des records. Au second, ce fut naturellement l'inverse. Le niveau du dollar avait entraîné un effondrement de la balance commerciale des Etats-Unis et risquait, en ricochet, d'entraîner les pays occidentaux dans la dépression importée

---

[18] Pour l'anecdote, une section du KGB recrutait des sportifs de haut niveau pour cela car ils pouvaient voyager sans éveiller l'attention pour rejoindre les compétitions.

[19] L'existence de ces armes a naturellement été niée avec la dernière énergie par l'URSS avant d'être reconnue par le fantasque général Lebed au cours des années 90. Notons que les Etats-Unis avaient également développé des armes nucléaires miniaturisées mais leur déploiement est resté cantonné à des unités du génie et n'a jamais visé des centres de population et des premières frappes.

d'outre-Atlantique. Ces mouvements de va-et-vient du dollar vis-à-vis des principales devises européennes, qui étaient liées les unes aux autres depuis 1979 grâce au système monétaire européen, se traduisaient par des mouvements identiques de compétitivité-prix des produits sur les marchés à l'export, indépendamment de tout autre facteur – c'était le simple jeu du prix relatif des devises. Comment, dans ces conditions, engager et justifier des mesures d'amélioration structurelle de notre compétitivité si dans le même temps ses effets étaient balayés par les mouvements de change exogènes et non maitrisables.

Ces chocs monétaires et crises monétaires seront encore nombreux. Krach boursier de 1987 ; crise de la dette mexicaine en 1982, puis à nouveau en 1994 ; crise du système monétaire européen en 1992 et 1993 ; crise asiatique en 1997 ; crise russe et défaut partiel sur sa dette en 1998 ; éclatement de la bulle internet en 2000 ; crise financière en Turquie en 2000 aussi ; crise argentine en 2001 ; crise des subprimes en 2007 ; crise bancaire dans le sillage de la faillite de la banque Lehman Brothers en 2008 ; crise grecque en 2009 ; crise des dettes souveraines à l'été 2011 ; crise grecque (le retour) en 2012... La vie économique et financière ne fut pas un long fleuve tranquille durant les trente dernières années et le monde a du apprendre dans la douleur la réalité du libre-échange et des libres mouvements de capitaux.

Mais entre ces récifs qui surgissaient de ci et de là, la conduite de la politique économique n'en fut pas moins hasardeuse, et surtout fortement viciée. Le premier choc fut naturellement le plan de relance que François Mitterrand mit en place, certes en cohérence avec le programme sur lequel il fut élu en 1981. Sitôt son entrée en fonction à l'Elysée et sa majorité parlementaire élue, le président Mitterrand et son Premier ministre, Pierre Mauroy, engagèrent une série de mesures symboliques de grande ampleur – près de 1,8% du PIB de l'époque. L'essentiel de ces mesures furent ciblées sur la consommation des ménages. Jugeons-en plutôt : hausse du SMIC de 10% dès le 3 juin 1981, puis en 1982 et en 1983 (au total une hausse de 38% entre 1981 et 1983) ; embauche de 110 000 fonctionnaires de plus ; subventions pour l'emploi de 20 000 emplois d'initiative locale et de 8 700 emplois sociaux et culturels ; création de 35 000 postes au sein des organismes de Sécurité Sociale, et notamment des hôpitaux et établissements sanitaires et sociaux ; augmentation de 62% du minimum vieillesse, porté de 1 400 francs à

2 300 francs en 1983 ; hausse de 25% des allocations familiales dès 1981, puis à nouveau de 25% supplémentaires en 1982 pour les familles avec 2 enfants ; hausse de 25% de l'allocation logement ; recapitalisation de certaines entreprises publiques (Charbonnages de France…) La liste est encore longue.

Ces nouvelles mesures furent essentiellement financées par l'accroissement du déficit public, qui passa de 9,8 milliards de francs en 1981 à 43 milliards de francs en 1982, et par quelques créations et hausses d'impôts, comme l'impôt sur les grandes fortunes, ancêtre de l'ISF. Mais au-delà de l'aspect comptable, le bilan de ce plan fut plus que mitigé. A son crédit, il permit de soutenir l'activité économique en 1981 et en 1982 avec une croissance en hausse à 1,2% et 1,7% respectivement. La consommation des ménages et les investissements progressèrent significativement de 2% et plus de 3% respectivement en moyenne sur les 2 années. Et dans l'imaginaire de la gauche française, les nouveaux acquis sociaux devaient devenir des symboles : retraite à 60 ans, semaine de 39 heures, 5ème semaine de congés payés.

Bien sûr, le revers de la médaille ne fut pas triste. Le déficit public se creusa et enrichit, si j'ose dire, la dette publique pour plus d'une génération. Le commerce extérieur, déjà déficitaire en 1981, se creusa à 102 milliards de francs[20] en 1982. Rien qu'avec l'Allemagne, notre déficit commercial passa de 23 milliards en 1981 à plus de 39 milliards en 1982. La relance isolée de la France avait fait un heureux de poids de l'autre côté du Rhin. L'Allemagne n'avait pas eu besoin de dépenser un seul centime mais elle bénéficia à plein des largesses françaises. Le pouvoir socialiste devait en effet découvrir que les Français, peu touchés par le *Made in France*, consommaient allemand à l'époque… On venait de se faire plaisir et de faire plaisir aux électeurs et, dans un mouvement dont seul notre pays a le secret, de faire fi de la rationalité économique. Au lieu de se focaliser sur la compétitivité de notre industrie et de relancer l'investissement, qui en avait certainement besoin, on creusa les déficits. On dépensa donc de l'argent public imaginaire, financé par

---

[20] Pour être parfaitement honnête, il convient de noter que la facture énergétique fut en 1982 de 178 milliards de francs mais son aggravation, dans le sillage du second choc pétrolier de 1979 et de la hausse du dollar, n'explique pas en totalité le chiffre astronomique de 1982.

le déficit, pour consommer allemand. Mais si l'erreur s'était limitée à cela, on serait vite passé à autre chose et plus personne ne parlerait en 2012 du plan de Relance de 1981, en dehors des cours d'histoire. La particularité essentielle du plan de François Mitterrand, qui deviendrait d'ailleurs la marque de fabrique des gouvernements de gauche en France, fut de réaliser des dépenses non pas au travers de mesures ponctuelles (par exemple envoyer un chèque par la Poste aux Français) mais par des mesures structurelles, dont les coûts réels se feraient sentir pendant des décennies. En effet, la retraite à 60 ans fit bien plaisir sur le moment et devint même un emblème de la gauche française. Mais elle creusa pour des générations les comptes de la branche retraite de la Sécurité Sociale car dans le même temps, l'espérance de vie eut la mauvaise idée de croître au lieu de baisser en due proportion. A revenus des retraités inchangés, il fallait donc plus de cotisations pour payer les retraites plus longtemps... De même, les 200 000 emplois publics cumulés que l'Etat, les collectivités locales et les organismes de sécurité sociale embauchèrent, sans toujours que l'intitulé de leur poste soit clair ou compréhensible par un citoyen ordinaire (...) ne le furent pas pour 1 an, ni même pour la mandature socialiste 1981-1986, mais pour 37 ans de service actif et une vingtaine d'années de retraite – ce fut un chèque en blanc (et en bois car l'Etat paya ces fonctionnaires jusqu'à aujourd'hui grâce au déficit public, au centime près) pour une durée de 60 ans !

Cette méthode allait devenir une habitude. Au nom du progrès et de la justice sociale, la France allait, seule, inventer un nouveau modèle économique fait de droits sociaux inaliénables, dont la liste allait vite ressembler à un inventaire à la Prévert. Droit à la santé, à l'éducation, à la retraite à 60 ans, au logement. Puis la liste est devenue plus baroque, avec le droit à la différence, le droit à disposer d'un abonnement internet ou d'un téléphone portable, le droit de partir en vacances, le droit d'accéder à la culture où que l'on soit sur le territoire français, le droit à être raccordé au réseau de gaz et d'électricité y compris lorsqu'on habite au sommet d'un col accessible uniquement par des alpinistes, le droit de choisir ses études supérieures gratuites (ou presque) et de changer de choix suivant ses caprices, puis d'avoir un travail qualifié et bien rémunéré sur la simple foi d'un diplôme en sociologie, le droit de pouvoir accoucher à moins de 10 minutes à pieds de son domicile, où qu'il se trouve en métropole ou en outre-mer... Il n'y a hélas nulle caricature dans cette liste de droits revendiqués et pour chacun, on peut trouver trace d'un reportage télé ou d'une manifestation qui l'exigeait. A nouveau, ce n'est pas le plus choquant. L'augmentation du niveau de vie d'un pays doit aussi se traduire par de telles avancées, qui renforcent le bien-vivre et la cohésion sociale. Mais notre faute collective fut de totalement déconnecter les droits sociaux de leur financement, et d'avoir choisi de nous concentrer sur le développement des dépenses au lieu de la sécurisation des recettes, via une politique de réformes structurelles visant à renforcer notre croissance et notre compétitivité.

Mais jugeons-en plutôt, en comparant les évolutions de nos droits sociaux d'une part, et de nos performances économiques de l'autre. Sans faire durer le suspense, il sera bien difficile de laisser croire que nous avons agi pour rendre soutenable notre modèle social. Nous l'avons au contraire saboté, à force d'en vouloir trop et trop vite, sans se soucier de l'intendance, qui, cette fois, n'a pas suivi…

La France, le pays des droits

Afin d'être précis, prenons quelques grands dossiers sociaux ou sociétaux (je pense à la culture, qui est aussi un élément fondamental de notre patrimoine commun et de notre identité) et regardons objectivement où nous en sommes et les choix que nous avons faits, à la lumière de quelques comparaisons internationales.

La réduction du temps de travail – plus d'impôts pour créer moins de richesses

La tendance séculaire de réduction du temps de travail est une réalité indéniable. Depuis près de deux siècles, cette tendance s'est matérialisée dans des lois et des décrets sociaux, qui accompagnaient à la fois les revendications légitimes des salariés mais aussi, tout aussi fondamentalement, la hausse de la productivité du travail qui permettait de les financer. En 1841, une loi limite le temps de travail des enfants à 12 heures par jour dès 16 ans et à 8 heures par jour à douze ans (juste pour rappeler d'où nous venons)… La loi Millerand du 30 mars 1900 limite la journée de travail à 10 heures. En 1906, on officialise le jour de congé dominical avec la loi sur la semaine de 6 jours. En 1919, la journée de travail passe à 8 heures et la semaine à 48 heures. Le Front populaire réduit en 1936 la semaine de travail à 40 heures. François Mitterrand signera en 1982 la semaine des 39 heures et le gouvernement de Lionel Jospin parachèvera (pour le moment) le mouvement avec les fameuses lois sur les 35 heures.

On aurait presque une larme à l'œil en rappelant ces succès sociaux. Mais évidemment, le revers de la médaille n'est pas triste non plus. En 2011, un Français moyen, hors chômeurs[21] naturellement, travaillait 1 554 heures par an. Ce chiffre était de 1 778 heures aux Etats-Unis, de 1 419 heures en Allemagne (qui avait fait le choix du travail à temps partiel, et non des 35 heures payées 39, on y reviendra) et de 1 749 heures pour la moyenne de l'OCDE. De façon plus préoccupante encore, le nombre d'heures travaillées dans l'industrie était en France de 5 100 millions d'heures en 2008, contre 10 980 millions d'heures en Allemagne et de 8 874 millions d'heures en Italie. Le choix de l'industrie est parlant, car contrairement aux chiffres agrégés de tout le pays, ils sont assez facilement comparables entre pays voisins, car les gains de productivité y ont été assez homogènes. Sauf à penser que la France soit 30% plus productive que tous nos voisins et deux fois plus productive dans l'industrie que l'Allemagne, il convient de conclure que la France a fait le choix du farniente et de la stagnation économique. Bien sûr, la dialectique de la réduction du temps de travail étant fortement installée dans notre pays, on rétorquera que ce choix de partage du temps de travail visait à réduire le chômage : « travailler moins pour travailler tous ». Quel étonnement alors de constater que, mystérieusement, le taux de chômage n'est en rien corrélé à la durée du travail, bien au contraire. A mesure que nous diminuions notre temps de travail, le taux de chômage augmentait et le taux d'activité baissait (70,5% en France en 2010 contre 76,6% en Allemagne, 75,5% en Grande-Bretagne et 72,4% dans la zone euro), à l'inverse de tous nos principaux partenaires.

Et lorsqu'on aborde le sujet tabou du coût budgétaire de la réduction du temps de travail, on croit tout simplement rêver. 23 milliards

---

[21] C'est une précision utile car de nombreux autres pays ont un chômage faible mais une plus forte part de travail à temps partiel qui naturellement pèse sur le temps de travail moyen. La France est une des rares économies à cumuler les deux : fort taux de chômage et faible temps de travail moyen des actifs...

d'euros par an, pour empêcher les gens de travailler. Ce chiffre, certes controversé, recouvre les allégements de charges sociales que l'Etat a du consentir pour faire passer la pilule aux entreprises. La loi sur les 35 heures ayant, du jour au lendemain, majoré le coût du travail de près de 10% (35 heures payées 39), il a bien fallu que l'Etat stratège sorte son carnet de chèques pour éviter les faillites généralisées des entreprises et compenser le choc. Ces allégements de charges dégressifs ont donc permis de réduire les cotisations employeur sur les salariés jusqu'à 1,8 fois le SMIC, seuil ramené ultérieurement à 1,6 fois le SMIC.

Quel bilan en tirer ? Tout d'abord, en termes d'efficacité économique, il est difficile d'être indulgent. Les analyses les plus optimistes, pour ne pas dire fortement controversées, font état de 265 000 créations d'emplois liées aux 35 heures entre 1997 et 2000 et un effet négatif ultérieur lorsque la croissance s'est affaiblie. Or, même en retraitant le chiffre de 23 milliards des coûts des autres mesures d'allégement de charges sociales et en prenant le chiffre mis en avant par ses thuriféraires (12 milliards d'euros quand même[22]), nous arrivons, dans le meilleur des cas, à 45 280 euros par an et par emploi « créé », soit deux fois le revenu net médian des ménages en France... Je laisse le lecteur juge de ce chiffre. Pour ma part, je pense humblement que l'on aurait pu dépenser ces sommes phénoménales de façon plus avisée et qui prépare mieux l'avenir... De façon parallèle, la loi sur les 35 heures, qui n'a donc eu aucun effet positif sur le chômage, a pesé sur le pouvoir d'achat des ménages car les entreprises, heurtées de plein fouet dans leur compétitivité, ont du limiter les hausses de rémunération afin de reconstituer la productivité de leurs salariés. Autant de chômeurs, plus d'impôts et de déficits (car naturellement nous n'avions toujours pas le premier euro de ces 23 milliards, et il a fallu tout emprunter sur les marchés) et moins de salaire à l'arrivée. En trois mots, voilà le bilan économique des 35 heures. Il est implacable.

---

[22] Aussi curieux que cela puisse paraître, il est impossible de connaître en France le coût exact des 35 heures. Les fourchettes vont de 12 à 23 milliards d'euros par an. C'est une spécialité de notre maison de ne (presque) jamais créer les outils d'analyse et de pilotage des lois. Une fois votée, on ne se soucie pas de leur effet et de leur efficacité, notamment lorsqu'elle engage les fonds publics. Comprenne qui pourra...

En terme sociétal désormais, la loi a eu un effet pervers quasi irrémédiable. Elle a contribué à inscrire dans les consciences, contre toute réalité économique, que le travail était un mal nécessaire et la finalité une société des loisirs où plus personne ne travaillerait. Sous les oripeaux de la solidarité entre salariés, on a ainsi caché l'égoïsme. Où est la solidarité envers les chômeurs lorsqu'on choisit de travailler moins en gagnant autant ? Bien au contraire, ce choix a isolé encore plus du marché de l'emploi tous ceux dont les qualifications et la productivité ne permettaient pas de rentabiliser un coût du travail augmenté de 10% ! On peut légitimement parler d'imposture et de cynisme alors.

L'âge de départ en retraite – la grande colonie de vacances

Travailler moins par semaine, c'est déjà pas mal. Mais travailler moins dans sa vie, c'est encore mieux. Fidèle à sa tradition, et à rebours de ce que tous les autres pays du monde faisaient, à notre grand étonnement, la France a décidé d'abaisser l'âge de départ à la retraite à 60 ans en 1981 et à faire de cette « réforme » une de ces vaches sacrées dont elle a le secret. Là encore, tout ne partait pas d'un calcul cynique et clientéliste. L'espérance de vie en 1981 était de 74 ans en France, mais elle était très inégale suivant les catégories socio-professionnelles. Les ouvriers avaient notamment une espérance de vie bien inférieure à 70 ans et souvent, leur fin de vie était assombrie par des pathologies diverses. En un sens, la retraite à 60 ans fut vécue comme une délivrance par ces populations. Mais ce qui était vrai pour un ouvrier des charbonnages, de la sidérurgie ou un mineur de fonds ne l'était pas nécessairement pour un enseignant ou un cadre, sans parler d'un conducteur de train, libre de recommencer sa vie à 52 ans... Et ce qui était vrai en 1981 ne l'était peut-être plus en 2009... Cette année là, la Banque Mondiale estimait que l'espérance de vie en France dépassait les 81 ans, dépassée à peine par le Japon, l'Espagne et Singapour. Plus intéressant encore, l'espérance de vie en bonne santé, c'est à dire sans pathologie grave et incapacitante, était supérieure à 78 ans. Et enfin, les écarts d'espérance de vie par catégories socio-professionnelles s'étaient considérablement réduits, sans toutefois avoir disparu.

Fort de ce constat, on aurait pu penser que, à l'instar de tous les autres pays du monde développé, sans exception, la France allait prendre la voie de la raison et augmenter, progressivement, l'âge de départ à la retraite et le nombre d'annuités de cotisation pour pouvoir partir à la retraite à taux plein. On aurait pu penser que les gouvernements successifs, instruits des multiples rapports alarmistes sur le financement de notre système de retraite, allaient réformer en conséquence[23]. Que nenni ! Là encore, la volonté politique se devait d'être plus forte que les réalités démographiques. Pour maintenir contre toute logique la retraite à 60 ans, rien de plus facile, il suffisait bien sûr d'augmenter les cotisations retraite sur les actifs, déjà accablés d'impôts et frappés par le chômage de masse, les charges sur les entreprises tentées par les délocalisations, ou emprunter sur les marchés de capitaux. Martingale universelle. Par dogmatisme, la France résista à toute réforme visant à augmenter l'âge de départ à la retraite, en se drapant derrière l'étendard de la solidarité envers les salariés ayant les travaux les plus pénibles. Il suffisait d'y penser. Ce fut la clause de la profession la plus favorisée en quelque sorte, visant à aligner les conditions de départ à la retraite de tout le monde sur celles qui seraient justes pour les plus fragiles parmi nous. On vit ainsi des scènes surréalistes en 2010 lorsque l'équipe Sarkozy – Fillon – Woerth s'attaqua à la réforme qui avait été mise sous le tapis pendant des décennies[24]. Unis dans des manifestations massives, retraités (non concernés par définition par la réforme), salariés du public et étudiants scandèrent des slogans d'un autre temps. Belle image de la France et de la jeunesse, déjà plus concentrée sur les conditions de sa retraite dans 40 ans que de son insertion sur le marché du travail et d'accompagner le rayonnement économique de son pays...

Et pourtant, la réforme française fut, par bien des aspects, beaucoup plus timide que celles que tous les pays voisins avaient déjà mis en place. Si l'âge légal de départ en retraite en France devait s'élever progressivement à 62 ans, il devait passer dans le même temps à 67 ans en Allemagne, à 68 ans en Grande-Bretagne (certes à l'horizon

---

[23] Le premier rapport en ce sens date de 1991, sous Michel Rocard (Livre blanc sur les retraites), suivi du rapport Charpin en 1999. Deux gouvernements socialistes et rien de fait.

[24] Pour être honnête, il y eut des réformes en 1993 sous Edouard Balladur et en 2003, déjà poussée par François Fillon. Les mêmes scènes de manifestations hystériques se produisirent naturellement en 2003.

2040, où l'OCDE estime que l'espérance de vie aura encore augmenté de 7 ans par rapport à 2012), à 65 ans au Canada, au Japon, en Corée, en Suisse, en Nouvelle-Zélande, au Mexique et en Suède, à 68 ans encore au Danemark, souvent loué pour son modèle social, à 69 ans en Norvège, en Islande, en Espagne, à 66 ans en Italie... Bien sûr, si on y ajoute la condition de durée de cotisation (42,5 années de cotisation en France), le fossé se comble un petit peu avec ces pays, mais nous restons très privilégiés et le choix qui a perduré, malgré les incantations, a été de maintenir des cotisations retraites élevées pour financer les pensions, au risque de peser, encore et toujours sur la compétitivité des entreprises. Mais aussi ce choix fut de refuser catégoriquement et dogmatiquement toute possibilité sérieuse de retraite complémentaire par capitalisation ou de revoir le système dans son ensemble, en évoluant par exemple vers un régime universel par points, plus juste et plus flexible. La France restera toujours la France...

L'éducation – toujours plus de moyens, toujours moins de résultats

Parmi les sujets de polémique récurrents, l'éducation tient la palme. Quoi de plus beau et de plus noble, en effet, que de former les jeunes esprits, leur apprendre les fondamentaux, les règles de la vie en société et les ouvrir au monde complexe qui les entoure, en leur donnant les clés d'analyse et de compréhension. Quoi de plus efficace économiquement également ? Comme nous l'avons vu, notre essor économique durant les Trente Glorieuses fut essentiellement expliqué par la hausse de la productivité du travail, expliquée elle-même par la hausse continue et massive des qualifications. Le savoir est et sera la condition *sine qua non* des succès du futur. Il n'y a aucun débat là dessus et c'est ce qui a expliqué que les budgets de l'Education Nationale et de l'enseignement supérieur ont progressé en montant, sans interruption, au cours des 30 dernières années. Y compris et surtout durant la crise économique et sous le mandat de Nicolas Sarkozy, malgré les cris d'orfraie d'une frange aussi fanatisée que de mauvaise foi de la population. Les chiffres sont éloquents : 58 milliards d'euros en 2008, 59,9 milliards d'euros en 2009, 60,8 milliards d'euros en 2010 et 61,7 en 2011, en hausse de 1,6% pour ce dernier exercice alors que l'ensemble des budgets publics subissait des cures d'amaigrissement.

Côté personnel, les chiffres donnent également le tournis. Il y avait environ 550 000 enseignants en France en 1970. Le chiffre a augmenté régulièrement jusqu'à atteindre 880 000 en 2000, en hausse de près de 80 000 en moins d'une décennie (807 000 en 1990). Naturellement, on objectera que la décrue s'est enclenchée car le Ministère de l'Education comptait 859 294 enseignants à la rentrée 2010 (premier et second degré, public et privé). Une saignée ? Peut-être pas si l'on ajoute que le nombre d'enfants scolarisés dans les premier et second cycles a baissé de près de 600 000 depuis 1990 (12,8 millions en 1990 contre 12,2 millions en 2010). Là encore, derrière les chiffres totaux accablants, quelques nuances doivent être ajoutées, par souci d'honnêteté intellectuelle et sans que le constat général n'en soit hélas modifié. La petite enfance et la maternelle ont été mal dotées, avec une baisse de près de 20 points (soit l'équivalent de 123 000 enfants) de la prise en charge par l'école des enfants de moins de 3 ans depuis 2010, à moins de 15%[25]

. De même, le primaire a été plus touché que le collège ou le lycée si l'on en juge par les comparaisons internationales des taux d'encadrement. Nous étions en 2008 à 20 enfants par enseignants dans le primaire contre 16,4 pour la moyenne de l'OCDE, et à 11,9 élèves par enseignant au secondaire contre 13,7 pour la moyenne de l'OCDE. Côté enseignant, cette inégalité se poursuivait avec 926 heures de présence en moyenne au primaire en France contre 786 pour l'OCDE, alors que le temps de présence au secondaire était de 644 heures en France contre 703 pour la moyenne de l'OCDE. Enfin, peut-on ignorer que parmi les enseignants, environ 100 000 n'enseignaient en fait pas en 2005 d'après un rapport de la Cour des Comptes, soit 12% du total. Certains exerçaient des activités pédagogiques hors des classes (on serait surpris de les connaître), d'autres étaient mis à disposition de collectivités locales ou d'organisations syndicales. Parmi eux, 32 000 étaient, selon la terminologie d'usage, « sans classe ni activité pédagogique ». Mais rassurons-nous tout de suite, ils continuaient bien sûr à être payés...

En matière d'enseignement, la France a donc globalement fait le choix de la quantité sur la qualité. Le nombre d'enfants par classe a baissé en moyenne de 30% entre 1981 et 2012, entre l'arrivée de François Mitterrand et le départ de Nicolas Sarkozy. Des chiffres à méditer avant de lâcher des commentaires définitifs sur les uns et les autres et leur attachement supposé à l'école. D'autres sont également intéressants : les montants dépensés par élèves en France et leur comparaison internationale.

---

[25] Mais là encore l'honnêteté intellectuelle exige de reconnaître que les aides à la garde à domicile et à la garde partagée ont considérablement augmenté. Sans parler des effectifs de la petite enfance dans les collectivités territoriales...

Comparaison des coûts de formation dans l'OCDE par enfant en euros

	Primaire	Secondaire	Supérieur
Allemagne	4 540	7 025	11 000
France	**5 030**	**8 470**	**9 280**
Italie	7 230	7 570	8 640
Grande-Bretagne	5 150	6 505	11 820
Espagne	4 950	6 010	8 020
Suède	7 145	7 400	15 715
Japon	6 120	6 950	11 720
Etats-Unis	8 050	9 100	20 545
Moyenne OCDE	5 310	7 000	10 655

Notices de la documentation française, « système éducatif en France », 2006.

Pour une raison indéterminée, la France a fait le choix de privilégier le système secondaire dans l'allocation des moyens, en délaissant le primaire, où pourtant les inégalités irrattrapables entre élèves se créent, et le supérieur qui prépare l'avenir et qui tire la compétitivité. L'enseignement supérieur en France représentait en 2011 moins de 1,4% du PIB, contre 2,7% aux Etats-Unis, 2,6% en Corée du Sud et 2,5% au Canada. Un rapport de 1 à 2 dans la préparation de l'avenir et l'investissement dans le capital humain et intellectuel. Comme tous les ministres successifs de l'Education Nationale furent conscients de ce paradoxe, il est difficile d'y voir autre chose qu'une lâcheté collective devant certains syndicats enseignants du secondaire...

Du côté des enseignants, justement, comment méconnaître que le choix de la quantité s'est fait au détriment de leur rémunération. En France, et alors que nos dépenses totales en éducation dépassent 6% du PIB, au-delà de la moyenne de l'OCDE[26], un professeur des écoles dans le primaire touche 23 735 euros par an en début de carrière, contre 43 524 euros en Allemagne et 28 949 euros en moyenne au sein de l'OCDE. Pour le secondaire, ce n'est guère plus glorieux avec 26 400 euros contre 51 722 euros en Allemagne et 32 563 dans l'ensemble de l'OCDE. On a ainsi préféré des effectifs

---

[26] 5,7% pour l'OCDE en moyenne et 5,3% pour l'Union européenne en 2007.

pléthoriques, pas toujours mis en face des enfants curieusement, et sous-payés. Comment s'étonner alors que les résultats ne soient pas à la hauteur et que la motivation des enseignants, dans l'immense majorité dévouée, s'émousse inéluctablement ?

Si nous conservons un système de formation des élites parmi les plus performants, nous avons également en France la médaille de l'échec scolaire. La proportion des 25-34 ans qui n'avaient pas fini leur cycle secondaire était en 2008 supérieure de 2 à 5 points dans notre pays que dans les pays du Nord, et près de 8 fois plus élevée qu'en Corée, qui a presque 5 élèves de plus par classe qu'en France, en moyenne[27]. Est-il également utile de préciser que ces infortunés en échec sont les candidats tout désignés au chômage de longue durée ? De façon plus large, nos résultats successifs aux tests PISA organisés par l'OCDE illustrent une dégradation continue de notre classement international en lecture, en sciences et en mathématiques. Un comble pour le pays qui compte le plus de médailles Fields après les Etats-Unis ! Si les moyens étaient la clé du succès, nous serions les champions en France. Ce n'est pas le cas. Pour l'éducation comme pour le reste, personne n'en a pour son argent. Ni les élèves dont le niveau baisse dans les standards internationaux alors même que notre salut viendra de nos cerveaux, ni les contribuables qui restent accablés d'impôts pour payer les effectifs mal employés et ni les enseignants dont les rémunérations sont symboliques et les conditions de travail se dégradent objectivement.

Le système d'enseignement supérieur, dont le budget a progressé de près de 18% entre 2007 et 2012[28], n'est pas à l'abri de quelques remarques. Jamais, avant le quinquennat de Nicolas Sarkozy, la France n'avait dépensé autant pour former ses futurs cadres et pour sa recherche publique, alors même que la crise déchirait notre pays. Des budgets en hausse, une loi tant attendue sur l'autonomie des universités, et 20,6 milliards, pris sur le grand emprunt, dédiés à l'enseignement supérieur, à la recherche et à l'innovation. Mais derrière ces chiffres, une réalité saute aux yeux de l'observateur familier avec le sujet. Là où la totalité des autres pays allouent leurs moyens en fonction de la finalité escomptée, en organisant la

---

[27] Comme quoi, le nombre d'enfants par classe n'est pas nécessairement le point essentiel...

[28] Là encore sous les cris et les slogans de l'université qu'on assassine...

sélection à l'entrée de l'université, des régimes de *numerus clausus* dans les filières et en faisant en sorte, autant que faire ce peut, d'orienter les étudiants vers les filières d'avenir, la France a largement fait un autre choix : celui de la liberté d'inscription des étudiants et de la déresponsabilisation via des frais de scolarité symboliques à l'université. Si l'on prend à nouveau les pays de l'OCDE, les frais de scolarité sont en France parmi les plus faibles (inférieurs à 300 euros par an en moyenne, sécurité sociale étudiante comprise). Ils sont près du triple en Italie, en Autriche, en Espagne et au Portugal. Ils sont quatre fois plus élevés aux Pays-Bas, dix fois plus élevés au Canada et en Australie, douze fois plus élevés au Japon, en Corée du Sud ou au Royaume-Uni et près de vingt fois plus élevés, en moyenne, aux Etats-Unis. Ces montants n'empêchent pas la plupart des pays d'allouer des bourses sociales plus nombreuses et plus élevées qu'en France, d'un montant près de 50% supérieur à celui de notre pays en moyenne.

Mis à part le coût, il n'y a guère qu'en France où, au moment des inscriptions, les files d'attente sont devant les guichets des sciences sociales, de sociologie, de communication, de psychologie ou autres filières bouchées. Au nom du libre choix, on laisse les étudiants s'engouffrer, sans réelle orientation ni sélection dans des secteurs, aussi respectables soient-ils, qui n'assurent en rien des débouchés professionnels. On a beau être fasciné par la sociologie, il est difficile de comprendre qu'il y ait en France (chiffres de l'année universitaire 2008-2009) plus d'étudiants en sciences sociales que dans la somme cumulée des sciences de la nature et de la vie (les biotechnologies et la santé étant des secteurs majeurs pour l'avenir), de sciences fondamentales et appliquées et des études de médecine. Dans un monde où la technologie prend une place prépondérante et où la proximité avec la frontière technologique est la condition de la survie, on ne se lasse pas de contempler ces chiffres... La liberté d'apprendre est une liberté fondamentale. Le devoir de préparer l'avenir et d'orienter les élèves là où ils pourront s'épanouir, trouver des débouchés et contribuer à la puissance économique de notre pays n'en est pas moins un devoir fondamental des dirigeants, depuis trop longtemps passé par pertes et profits. Cette liberté a également un coût en termes d'échec scolaire à l'université. Seuls 38% des étudiants avaient leur licence en 3 ans et 15% décrochait le sésame en 4 ans. Au total, près d'un tiers des étudiants du supérieur échoueront leur scolarité et finiront sans atteindre le diplôme qu'ils convoitaient. En Europe, seuls l'Espagne, la Pologne et la Norvège faisaient plus mal. Comme ailleurs, la France a distribué des droits à sa population, jamais assortis de quelque devoir, et s'étonne de constater que le système ne marche pas...

La culture – mythe ou réalité ?

La France aime la culture. Elle en a même fait une exception dans toutes les négociations commerciales internationales, en luttant contre sa marchandisation. C'est touchant et on ne peut que s'en féliciter. C'est aussi très hypocrite car personne, parmi les professionnels de la culture, ne vit d'amour et d'eau fraiche. Les réalisateurs de cinéma espèrent toujours toucher le public le plus large possible et avoir du succès à l'étranger. Les écrivains vivent de leur plume et rêvent de best-sellers... Malgré tout, l'existence d'un budget culturel en France significatif (7,5 milliards d'euros en 2011 contre 9 milliards d'euros pour l'enseignement supérieur et la recherche) est un vecteur majeur de notre rayonnement international et de l'attractivité de notre territoire aux touristes du monde entier – nous restons en effet la destination privilégiée au monde avec 82 millions de visiteurs en 2008, soit près de 20 millions de visiteurs de plus que les Etats-Unis qui se situent en deuxième position. Le solde de notre balance touristique[29] est positif de près de 12 milliards d'euros et le secteur du tourisme représente plus de 100 milliards d'euros en France, chaque année (un tiers payé par les touristes étrangers et deux tiers par les touristes français). Donc pour une part, le budget de la culture, destiné à protéger notre patrimoine et à l'enrichir, a un bon rendement.

Mais là encore, si les succès de notre production culturelle sont saisissants, on peut s'interroger sur certains choix démagogiques et sur leur coût extravagant. Parmi les sujets qui fâchent, le fameux régime des intermittents du spectacle nous est envié par tous les techniciens et acteurs du monde entier. Jugeons-en plutôt : ce régime permet à 105 826 chanceux en 2009 de bénéficier d'une couverture chômage hors du commun, grâce à laquelle les droits à prestation chômage sont ouverts à partir de 507 heures de travail annuel, soit environ un trimestre d'effort. Le déficit du régime, et donc

---

[29] Différence entre les dépenses des touristes étrangers en France et des touristes français à l'étranger.

le coût pour la collectivité des non artistes, et pris sur les indemnités chômage des 2,8 millions des autres sans-emploi, est d'un peu plus de 1,050 milliards d'euros, soit une subvention de près de 10 000 euros par an et par intermittent, qui s'ajoute à ses cachets naturellement. Quel beau métier !

La santé – chère, si chère...

L'analyse du système de santé français amène aux mêmes conclusions que celui de son système éducatif. Beaucoup d'argent, une liberté totale de consultation des patients et de prescription des praticiens et des résultats corrects mais sans commune mesure avec les sommes engagées. En 2010, les dépenses de santé se sont élevées à 12,1% du PIB, en hausse de près de 2 points en 10 ans. Cela correspondait à environ un cinquième du total des dépenses publiques et nous plaçait au deuxième rang des pays de l'OCDE derrière les Etats-Unis, vainqueurs toute catégorie avec plus de 17% du PIB et à égalité avec les Pays-Bas. Là encore, pour savoir d'où l'on vient, il convient de se rappeler que, au début des années 60, les dépenses de santé ne s'élevaient qu'à 3,8% du PIB en France ; le chiffre était encore de moins de 6% en 1971. Que de chemin parcouru... Depuis une trentaine d'années, la progression de ces dépenses a été le double de celle de la richesse nationale. Quelques rudiments mathématiques apprennent qu'une telle progression n'est bien sûr pas soutenable, et qu'à l'horizon de quelques décennies, cette tendance mènerait à ce que les dépenses de santé dépassent la richesse nationale.

Dans l'absolu, ces chiffres sont difficiles à analyser. C'est pourquoi nous allons, avec audace, les comparer aux chiffres de nos principaux voisins, notamment allemands[30]. En rapportant les dépenses de santé allemandes à la population française, nous dépensons environ 7 milliards de plus que nos voisins d'outre-Rhin, sans que naturellement cet excédent de dépenses n'aient une quelconque contrepartie dans de meilleurs indicateurs sanitaires. Nous sommes de ce point de vue et de l'aveu des experts du secteur indifférenciables, avec une légère avance allemande en ce qui tient à

---

[30] La source principale de ce passage est un rapport édifiant de l'institut Thomas More, réalisé en 2011.

l'équipement médical, comme nous allons le voir ci-après. Comment expliquer cet écart ?

1) On ne peut pas l'expliquer par une moindre offre de soin en Allemagne.

Les Allemands sont de bons consommateurs de santé et vont, en moyenne, plus souvent chez le médecin que les Français. Il n'y a donc pas de gestion de la pénurie en Allemagne ou de rationnement des dépenses de santé des ménages.

2) Les médecins français sont moins bien payés que les médecins allemands.

En moyenne, un médecin généraliste allemand gagne 74 700 euros par an contre 46 820 pour un médecin français (soit 37% de plus) et un médecin spécialiste un peu plus de 100 900 euros en Allemagne contre 71 000 euros en France (29% de plus). Le constat est identique avec la plupart des autres pays de l'OCDE. Selon la dernière étude publiée sur le sujet par l'organisation en 2005, la France se situait à la 12ème place sur 14 pays, devançant uniquement la Finlande et la République Tchèque.

3) L'hôpital en France : l'homme malade de l'Europe ?

C'est là que l'analyse des chiffres donne le tournis. Chaque Français dépense environ 50% de plus pour l'hôpital que son voisin allemand (1 230 euros contre 820 euros par an en Allemagne). A l'échelle de la France, cela fait une différence colossale de 26 milliards d'euros. Avec 17 millions d'habitants en moins, la France dispose de 2 750 établissements contre 2 084 en Allemagne, sans que les Allemands ne ressentent cela comme une pénurie. Ramené au nombre d'habitants, cela fait 43 établissements pour un million d'habitants en France contre 25 en Allemagne. Un récent sondage, publié dans le cadre de l'analyse de l'institut Thomas More, montre que seuls 0,3% des allemands considèrent qu'il n'y a pas assez d'établissements de soin dans leur pays et que leur accès en est donc compliqué. Les carences de personnel ne sont pas non plus la cause du malaise en France car, avec 1 608 personnels hospitaliers pour 100 000 habitants, la France se situe loin devant l'Allemagne qui n'en compte que 1 338 (certes sans les 35 heures)... Le séjour des Allemands à l'hôpital y est, en moyenne, plus long de 3 jours, illustration qu'ils ne se rattrapent pas dans un abatage frénétique des patients et un moins bon accueil des malades.

L'hôpital est la cause principale de la dérive irraisonnée des dépenses de santé, en engloutissant près de 45% du total, contre 26% pour les dépenses de médicaments et un peu moins de 28% pour la médecine de ville. Pour l'essentiel, ces dépenses sont à la charge de l'Etat, à près de 93% en 2009, soit 5 points de plus que sous François Mitterrand. C'est une précision utile alors qu'on laisse trop souvent croire que Nicolas Sarkozy aurait privatisé et ruiné l'hôpital public... En matière d'effectifs, c'est la même chose. Il y avait 1, 098 millions de fonctionnaires hospitaliers en 2000 et 1,250 millions en 2008, soit près de 150 000 de plus, essentiellement des infirmières et des aides soignantes. Jamais l'Etat n'a dépensé autant pour se soigner et pour l'hôpital mais, curieusement, jamais le malaise ne semble avoir été aussi fort. Les causes de cette schizophrénie françaises sont doubles : les 35 heures et l'absence de rationalisation économique, notamment en matière d'aménagement du territoire, de coordination entre hôpitaux et cliniques privées et de tarification. Il a fallu 10 ans aux Allemands pour réformer l'hôpital dans leur pays, depuis les réformes Horst Seehofer en 1992. Parions qu'il nous en faudra autant à partir du jour où les décideurs auront décidé de s'atteler à la tâche...

4) Les coûts administratifs – la gabegie française

Là, les conclusions sont simples. Les coûts administratifs de gestion de la santé sont dans notre pays parmi les plus élevés au monde. Il n'y a mystérieusement aucun rendement d'échelle et presque 7% des dépenses totales de santé (soit 16,8 milliards pour être concret) ne servent pas à payer des médicaments ou des actes mais simplement la paperasserie dont nous avons le secret. Les Allemands, qui ne sont pas sous-administrés, dépensent 50% de moins, soit une économie de 4 milliards d'euros par an, ramené à la population française. Sachant qu'un hôpital flambant neuf coûte environ 200 millions d'euros ou que le coût d'un IRM est de 200 000 euros, on ne peut qu'imaginer avec des étincelles dans les yeux ce que l'on pourrait faire avec des économies de ce type. On pourrait commencer par rattraper le retard indigne en matière d'équipement de radiologie par exemple. Avec 9 IRM par million d'habitants, la France se situait en 2010 parmi les pays les moins équipés en Europe, juste derrière le Portugal et la Turquie. Avec 540 IRM et 800 scanners, nous disposions de quatre fois moins de matériel que les Allemands et de deux fois moins que les Espagnols et les Italiens. Comme toujours, l'investissement et l'équipement sont les dernières roues de la charrette chez nous.

5) La politique du médicament

Le médicament est, presque, l'objet d'un consensus en France. Nous dépensons trop de boîtes et la pénétration des génériques est trop faible (20% contre 60% en Allemagne). La France est en effet championne du monde de la consommation d'antidépresseurs et championne d'Europe de la consommation d'antibiotiques. Il est pourtant difficile de croire que la qualité de vie soit à ce point dure en France qu'il faille se gaver d'hypnotiques chimiques pour la supporter. Mais, si l'on ramenait la consommation médicamenteuse à la moyenne européenne, nous économiserions un gros milliard d'euros, ce qui est une somme rondelette certainement mais guère impressionnante en comparaison des gabegies évoquées précédemment. Et pourtant, il semble qu'il soit plus facile de montrer les laboratoires pharmaceutiques et les prescripteurs du doigt que de régler les problèmes d'organisation de l'hôpital et des services administratifs de la Sécurité Sociale... Notons également à toute fin utile que le secteur pharmaceutique est l'un de nos fleurons en France, avec de grands laboratoires comme Sanofi-Aventis (4ème mondial), les laboratoires Boiron, Biogaran et autres...

En 2011, l'assurance maladie a enregistré, à nouveau, un déficit de 10 milliards d'euros. Depuis 10 ans, le déficit cumulé a dépassé les 67 milliards d'euros, là où l'Allemagne, aussi bien soignée que nous, a dégagé un excédent. Les habitudes, la focalisation exclusive sur les dépenses de personnel, les 35 heures, l'absence de rationalisation de la carte sanitaire, le trop grand nombre d'hôpitaux, les strates de gestionnaires inutiles et coûteux, tout cela fait que nous devons emprunter pour nous soigner, à hauteur de 10 milliards chaque année. Et pourtant, on a vu que l'essentiel des mesures de redressement pourraient être prises sans dégrader le remboursement de soins. Au contraire, ramener les dépenses hospitalières et de gestion au niveau de notre voisin allemand nous permettrait d'économiser 30 milliards d'euros par an, rien que sur l'hôpital et les frais administratifs, et donc d'éliminer le déficit de l'assurance maladie tout en augmentant les équipements matériels, les dépenses de recherche et les remboursements, par exemple d'optiques ou de soins dentaires… Le lecteur incrédule se demandera immédiatement pourquoi les réformes ont tellement tardé, alors. La réponse est malheureusement simple : entre le modèle allemand et nous, il y a une forme de lâcheté politique et d'abandon des responsabilités devant le lobby des fonctionnaires hospitaliers et de certaines collectivités locales, pour lesquelles disposer d'un hôpital dans la commune est une marque de prestige. Pour 30 milliards d'euros par an, d'aucuns pourraient penser que cela fait un peu cher le prestige…

Les politiques de l'emploi – vive la France

Face au chômage, la France n'a pas eu de stratégie cohérente. Elle a essayé, sans réelle suite dans les idées, des plans de soutien à la croissance, des mesures de traitement social, comme les préretraites, ou des stratégies de soutien direct à l'emploi par les fonds publics, via des baisses de cotisations sociales ou via des embauches directes d'agents publics. En matière d'emplois aidés, nous avons eu les TUC, les CIE, les CPE, les CAE… Tous les acronymes de 3 lettres y sont passés, sans réel succès. Nous avons alors eu les emplois jeunes, payés sur fonds publics. Partant du constat que les jeunes étaient les plus touchés par le chômage et souffraient d'une difficulté réelle d'insertion sur le marché du travail, le gouvernement de Lionel Jospin eut l'idée de créer 350 000 nouveaux emplois publics à destination de cette catégorie. Pour la modique somme de 37 milliards de francs par an, soit 5,6 milliards d'euros (en 2002), quelques 75 000 aides éducateurs furent embauchés dans l'Education Nationale, 20 000 adjoints de sécurité dans la police, mais aussi des agents d'ambiance (sic), des conseillers et animateurs environnement dans les communes (re-sic), des médiateurs familiaux dans les associations. Au moins la moitié des 350 000 emplois n'avait aucune réalité tangible. A 11 260 euros le poste chaque année, ce fut un choix bien coûteux, à comparer aux 10 740 euros annuels pour la formation d'un lycée professionnel ou les 9 280 euros annuels pour un étudiant dans l'enseignement supérieur. Mais ce choix fut assumé : faire disparaître plusieurs dizaines de milliers de jeunes des statistiques du chômage, en leur donnant, parfois, une première expérience professionnelle. Un autre choix aurait pu être de leur donner une formation et d'investir dans leur capital humain. Par exemple au travers de la formation professionnelle...

Il est en effet impossible d'évoquer la politique de l'emploi sans s'arrêter quelques instants sur la formation professionnelle en France. Dans ce domaine, nous sommes réellement un pays de cocagne. Inscrite dans la loi depuis 1971[31], la formation professionnelle continue draine plus de 30 milliards d'euros chaque année, soit presque la moitié du budget de l'Education Nationale ! Financée par les entreprises au travers d'une cotisation assise sur la masse salariale, la formation professionnelle est naturellement essentielle au développement et à l'enrichissement des compétences et des qualifications, dans un monde où les technologies évoluent si vite. Force est de constater qu'elle ne manque pas de moyens dans notre pays et qu'elle est raisonnablement encadrée pour les salariés, via l'introduction en 2005 du droit individuel à la formation. Mais, par un mystère que seul notre pays peut créer, la formation professionnelle s'adresse en priorité en France à ceux qui en ont le moins besoin. On estime ainsi que près d'un cadre sur 3 a droit à une formation chaque année, contre un chômeur sur 10... En toute logique, des sommes considérables sont dépensées – d'autres moins indulgents pourraient dire gaspillées – en stages de *team building* ineptes, de coaching de cadres dirigeants ou d'apprentissage de la méditation[32] au lieu de formations qualifiantes, pour ne pas dire re-qualifiantes, pour des chômeurs désespérés. Là comme ailleurs, il n'y a pas de fatalité. Juste des choix politiques coupables, quelques connivences avec des organisations syndicales qui y trouvent des moyens de financement additionnels et l'absence de stratégie d'ensemble ou de cohérence avec la politique industrielle.

L'emploi public : l'exemple de l'Etat stratège...

En d'autres temps, la gestion des deniers publics et la transparence de leur emploi avaient été la source d'une révolution en France, celle de 1789, et de quelques autres au Royaume-Uni, quelques années

---

[31] Notons que les premières lois sur la formation professionnelle datent de l'après-guerre. La loi de 1971 organise simplement l'offre de formation et son financement.

[32] Nulle caricature ici hélas...

plus tôt. Force est de constater que ce temps est révolu. On a beau se dire, en lisant l'article 15 de la Déclaration des Droits de l'Homme de 1789 (excusez du peu), que « la société a le droit de demander compte à tout agent public de son administration », on ne saurait par où commencer si d'aventure ce beau principe était mis en application... A la fin 2011, la Cour des Comptes dénombrait 5,290 millions de fonctionnaires[33], au sein des trois fonctions publiques : Etat, collectivités locales et fonction publique hospitalière. Si l'on aime les chiffres, cela fait 1,4 millions de fonctionnaires de plus qu'en 1980, soit 40% d'augmentation en 30 ans. Curieusement, personne n'avait le sentiment que la France était sous-administrée en ce temps là – il suffit pour s'en convaincre de reprendre les débats politiques et les analyses des journalistes qui s'emportaient, comme maintenant, sur la gabegie publique... Qu'en dire aujourd'hui, alors ? Depuis 2001, durant ces dix ans que beaucoup décrivent comme l'agonie de la chose publique, ce fut effectivement la saignée, avec... 470 000 emplois publics de plus... Il est vrai que l'Etat, notamment entre 2007 et 2012, n'a pas montré l'exemple en réduisant ses effectifs de 165 000, grâce au fameux « 1 sur 2 » qui consistait à ne pas remplacer un fonctionnaire partant à la retraite sur deux. Fort heureusement, les collectivités locales ont été là pour compenser, avec 500 000 créations de postes sur la même période et la fonction publique hospitalière avec le solde, soit un peu plus de 130 000. L'honneur fut sauf ! Alors bien sûr, il est particulièrement difficile de comprendre pour quelle raison la fonction publique territoriale a du gonfler ses effectifs de près de 38% (de 1,3 à 1,8 millions d'agents) entre 2001 et 2011 sans réels transferts significatifs de compétences liés à la décentralisation, que l'INSEE évalue tout au plus à 50 000 emplois... Ni pourquoi, à chaque transfert de compétence depuis 30 ans entre l'Etat et les collectivités locales, on a vu les effectifs de ces dernières augmenter de plus que les anciens effectifs des agents de l'Etat dédiés à ces missions, et les effectifs de l'Etat ne pas baisser... En résumé, on conservait les fonctionnaires d'Etat chargés de missions qu'il avait abandonnées et on embauchait des fonctionnaires territoriaux aussi bien payés mais plus nombreux, donc moins productifs sans doute, pour les « remplacer »...

Pour bien cadrer les idées, 5,29 millions de fonctionnaires, c'est environ 90 fonctionnaires pour 1 000 habitants. L'Allemagne, qui

[33] Notons que la Cour a eu fort à faire car l'Etat lui même ne connaît pas le nombre de ses employés...

compte près de 17 millions d'habitants de plus que la France, dispose de 2 millions de fonctionnaires de moins[34], soit 50 fonctionnaires pour 1 000 habitants. Les Etats-Unis qui, contrairement à la légende, sont un pays très administré, avec un maquis d'agences fédérales et de fonctionnaires des Etats comptent 70 fonctionnaires pour 1 000 habitants.

Le débat sur le nombre de fonctionnaires n'est pas nécessairement et simplement une affaire dogmatique. Il est des missions que l'Etat se doit d'assurer : les fameuses missions régaliennes (police, sécurité, défense, justice, diplomatie, collecte de l'impôt). Il est des missions que les choix de solidarité nationale et la cohésion sociale ont mis entre les mains publiques, sans que jamais la France n'ait eu à s'en plaindre : l'éducation, une grosse partie de la recherche fondamentale, l'urbanisme public et l'entretien des routes et ouvrages d'art publics. Cela nous a permis, depuis Vauban, de disposer d'un aménagement du territoire et d'un réseau de communication qui, pour le coup, nous est vraiment envié par tous. Et puis il y a des missions que la collectivité nationale ou les collectivités locales ont choisi d'assumer alors que, dans d'autres pays, elles sont essentiellement privées : accueil de la petite enfance dans les crèches, agents d'ambiance, culture… Ce furent en quasi totalité ces dernières missions peu claires, ou parfois totalement fumeuses, qui ont expliqué les derniers recrutements dans les administrations territoriales, jusqu'à l'embolie actuelle. Les chiffres ont en effet la vie dure : en 2009, juste après la pire récession depuis 1993, les collectivités locales ont embauché 35 000 nouveaux agents[35]. Difficile de comprendre quelles missions nouvelles justifiaient une telle envolée publique, sans aucun transfert de compétence de la part de l'Etat. D'aucuns, certainement mal intentionnés, y ont vu du clientélisme… D'autres ont pu y voir la volonté de la sphère publique de compenser les effets de la crise, en embauchant de malheureux chômeurs. Pourquoi pas… Mais cette volonté n'a pas empêché le taux de chômage d'augmenter en parallèle du nombre d'emploi public… Mystère, mystère…

---

[34] Pour être exact, 460 000 pour l'administration fédérale, 1,9 millions dans les Länder et 1,2 millions dans les communes soit 3,6 millions d'agents publics, contre 5,3 millions en France. Notons que les chiffres allemands intègrent certains effectifs dédiés aux chemins de fer et à la Poste, alors que les chiffres français excluent les entreprises publiques.

[35] Et 15 000 nouveaux agents dans les hôpitaux, qui étaient comme on le voit mis à mal par le gouvernement…

Pour mettre tout le monde d'accord, il convient de rappeler quelques faits, issus là encore d'un rapport de la Cour des Comptes, peu suspecte de complaisance envers le pouvoir en général. Un emploi public, c'est 3,5 millions d'euros sur une carrière de 42,5 ans de cotisation et une vingtaine d'années de retraite. Un petit calcul assez simple montre donc que 5,29 millions d'emplois publics, cela constitue un engagement d'environ 20 000 milliards d'euros au total, soit encore 10 fois le PIB français, 13 fois le montant de sa dette publique ou encore 1 million d'euros par actif en France. Dit autrement, pour payer l'ensemble des fonctionnaires en France sur l'ensemble de leur carrière, il conviendrait de demander à chaque actif de signer un chèque d'un million d'euros... Fort heureusement, le paiement est mensualisé mais il est exactement le même... Je sais qu'il est simple d'alimenter les passions démagogiques lorsqu'on parle « impôts » et « fonctionnaires » et ce n'est certainement pas l'objet de ce paragraphe. L'idée est seulement de prendre conscience que l'argent public est par définition précieux et le gaspiller – il n'y a pas d'autres mots – en effectifs pléthoriques et stériles d'emplois publics n'est pas efficace. Personne n'y trouve son compte. Ni le contribuable bien sûr qui est accablé d'impôts immédiats ou déguisés. Ni le responsable public qui doit systématiquement réembaucher de nouveaux agents dès qu'une mission nouvelle apparaît, signant ainsi à la fois sa médiocrité managériale et le peu d'estime qu'il a envers ses agents qu'il considère incapables de se reconvertir à de nouveaux emplois. Ni les agents eux-mêmes qui sont démoralisés, placardisés, mal encadrés, mal payés et mal considérés.

Des preuves : la durée moyenne d'absence pour raison de santé des collectivités locales est de 22,6 jours par agent et par an, et de 24,1 dans la fonction publique hospitalière, contre 9 dans le privé ! Devons-nous en conclure que le rythme de travail est effréné dans les collectivités locales ? Dans l'Education Nationale, touchée également par le fléau des absences, on constate avec stupéfaction que 80% des absences sont à proximité du week-end (soit le vendredi, soit le lundi). Sans doute une coïncidence... Une coïncidence qui, juste dans le second cycle, correspond tout de même à 5,5 millions de journées d'absence, soit l'équivalent de 40 à 50 000 postes budgétaires, foudroyés par des maladies chroniques durant leur vie professionnelle. Le mystère s'épaissit toutefois lorsqu'on constate, d'après les quelques données démographiques disponibles, que les enseignants sont, avec le clergé, les deux professions qui ont l'espérance de vie à la retraite la plus longue. Sans doute doit-on comprendre que ces maladies chroniques s'arrêtent le jour du départ en retraite...

On pourrait multiplier chiffres accablants et exemples effrayants, reprendre les citations de livres à grand succès comme *Bonjour Paresse* (Corinne Maier, 2004, éditions Michalon) ou *Absolument débor-dée* (Zoé Shepard, Albin Michel, 2010), mais ce n'est pas l'objet. La conclusion de ce paragraphe est simplement que 1) l'argent public est mal employé et pourrait être mieux orienté vers le soutien à la compétitivité de notre pays et l'accomplissement sans faille des tâches régaliennes et 2) que des économies massives sont à la portée des gouvernements dans la gestion du nombre d'agents publics. Avec 40% de la dépense publique (soit près de 10 points de PIB tout de même) liés aux dépenses de salaires et pensions des fonctionnaires, qui peut croire que des économies de l'ordre de 10 à 15% ne seraient pas faisables ni justifiées, sans dégrader en rien le service public, au vu de ce qui précède[36]. Bien au contraire, les agents publics seraient immédiatement mieux considérés, mieux payés et auraient tous une vraie tâche à accomplir, utile socialement et épanouissante... En y ajoutant les économies réalisables dans le secteur de l'hôpital et de la rationalisation des frais de gestion de la Sécurité Sociale, cela correspondrait à 4 à 5 points de PIB par an... Par un heureux hasard, c'est l'ordre de grandeur du déficit public en 2011...

---

[36] Pour continuer la comparaison avec l'Allemagne, supprimer 10% des effectifs de fonctionnaires nous amènera peu ou prou au niveau de 2001 en France (sous Lionel Jospin) et nous aurons encore environ 35% de fonctionnaires pour 1000 habitants de plus que les Allemands...

Les performances économiques récentes – la soupe à la grimace

Avec autant de dépenses publiques, autant de fonctionnaires, autant de réglementations et d'interventions publiques en tout genre, on ne peut qu'être consterné par les résultats obtenus par notre pays. En 1880, près de son apogée, la France représentait 10% de la production mondiale pour un peu plus de 2% de la population mondiale. En 2011, nous ne représentions plus que 4% du PIB mondial, pour un petit peu moins d'un pourcent de la population mondiale. Nous restons un pays riche, le 5ème du monde en terme de Produit Intérieur Brut, mais nous rétrogradons année après année dans tous les classements internationaux. Ainsi, nous ne sommes plus que 20ème en terme de PIB / habitant, et 12ème en Europe. Notre richesse par habitant était de 10% supérieure à la moyenne européenne en 1992, année où nous atteignîmes la 3ème place en Europe et la 6ème place dans le monde. Elle est désormais de 5% inférieure à celle de la zone euro et à peine au-dessus de la moyenne européenne, alors même que l'Europe s'est élargie aux pays de l'Est. Il est difficile de prétendre que ce résultat soit un succès, ou que les causes de nos malheurs soient la mondialisation et l'euro...

La dégradation ne date pas de la crise, ni du dernier mandat présidentiel. Elle a débuté il y a une trentaine d'années, lorsque la France a fait des choix exactement opposés aux besoins : la préférence pour la consommation, y compris à crédit ; la faiblesse structurelle de l'investissement dans notre pays[37] ; l'abandon du commerce extérieur et de la compétitivité de nos entreprises ; l'euthanasie de l'industrie sous des strates d'impôts et de charges, dont l'absurde taxe professionnelle ; la préférence pour le traitement social du chômage au lieu de l'activation des dépenses via des incitations à la création d'entreprise et à la formation professionnelle ; la réduction du temps de travail, subventionnée à grand flots par de l'argent public ; la focalisation sur les services et notamment les services non marchands ; l'abandon des PME ; le choix d'une réglementation tatillonne ; celui d'une administration pléthorique et coûteuse mais inefficace dans ses missions

---

[37] Car contrairement aux mythes, les grandes entreprises investissent beaucoup, mais ailleurs...

régaliennes, de régulation et d'impulsion économique ; le goût pour les impôts confiscatoires qui font fuir ceux qui devraient les payer ; celui pour les charges sociales les plus lourdes possibles, et surtout concentrées sur les facteurs les plus mobiles ou les plus ouverts à la concurrence ; l'absence totale de stratégie et de politique industrielle jusqu'à 2007...

Sans accabler le lecteur de chiffres, il convient de dresser un bilan des dernières années, sur les principaux secteurs économiques. Il est accablant.

Depuis 30 ans, le chômage est resté supérieur de 2 points à la moyenne de l'OCDE et n'est jamais descendu en dessous de 7,4% de la population active, record obtenu en 2008. Depuis 30 ans, la part de l'industrie dans le PIB s'est effondrée de 24% à moins de 14%, alors même que la production industrielle explosait au niveau mondial[38]. 1,9 millions d'emplois ont été balayés dans ce mouvement (environ 400 000 sont des migrations vers les emplois de service à l'occasion d'un changement de comptabilisation, 567 000 sont liés à la hausse de la productivité et le solde, soit environ un million d'emplois ont disparu du fait des délocalisations et de la chute de notre compétitivité sur le marché domestique). Depuis 30 ans, la France n'a jamais présenté un seul budget en équilibre et a accumulé 1 700 milliards d'euros de dette, faisant du service de cette dernière le premier budget de l'Etat, avec environ 2 300 euros par habitant et par an. Depuis 30 ans, le taux de prélèvements obligatoires en France, de 45% en 2012, n'est jamais descendu en dessous de 42% du PIB, restant entre 8 et 10 points au-dessus de la moyenne de l'OCDE ou de l'Allemagne. Curieusement, cela n'a pas empêché les procès en sorcellerie ou en ultra-libéralisme de certains... Avec près de la moitié des revenus totaux captés en impôts, qu'en serait-il si nous n'étions pas en économie ultra-libérale ?...

Depuis 1997, la part de la France dans le commerce mondial a baissé de 5,8% à moins de 4,1%, signant par là la seconde plus mauvaise performance des pays les plus développés derrière la Grande-Bretagne. Plus préoccupant encore, la balance commerciale

---

[38] Et la part de l'industrie dans le PIB est restée stable en Allemagne à 30%, soit le double de notre pays, et elle a augmenté en Corée du Sud (31% du PIB). Comme quoi, il n'y a pas fatalité.

s'est dégradée continuellement depuis 1997, devenant négative en 2000. Nos 90 000 entreprises exportatrices (contre 200 000 en Italie et près de 300 000 en Allemagne) n'ont plus pu lutter.

Part des pays du G7 dans le commerce mondial (en % du commerce mondial)

	1997	2000	2003	2006	2009
France	5,8	4,8	4,8	4,1	4,1
Allemagne	10,4	8,9	10,1	9,5	10,1
Canada	4,4	4,5	3,7	3,3	2,8
Etats-Unis	14	12,6	9,8	8,8	9,4
Italie	4,8	3,9	4,1	3,5	3,6
Japon	8,6	7,7	6,4	5,5	5,2
Grande-Bretagne	5,7	4,6	4,2	3,8	3,1

Depuis 1995, les marges des entreprises françaises se sont dégradées régulièrement, pour atteindre des niveaux extrêmement bas. En 2006, le taux de rendement net des fonds propres des sociétés non financières était de 5,3% dans notre pays, contre 19,1% en Allemagne et 8% dans la zone euro. La profitabilité de ces mêmes sociétés était à peine positive, avec des marges moyennes de 1,3% contre 13% en Allemagne. 10 fois plus... En 2011, les chiffres étaient encore plus faibles et l'INSEE estimait que les rentabilités avaient atteint leurs plus bas historiques depuis 1986... Contrairement aux idées reçues, les entreprises ne sont pas voraces en France. Pour l'essentiel, elles survivent à peine et ne peuvent pas autofinancer leurs projets. A l'exception des grands groupes, les entreprises françaises sont dans les queues des classements internationaux en termes de rentabilité, ce qui les empêche matériellement d'investir pour se développer, notamment sur les marchés étrangers. En faut-il plus pour expliquer le différentiel de performance à l'export avec le *Mittelstand* allemand ?

Taux d'investissement (en % du chiffre d'affaires) des entreprises, par taille de leur chiffre d'affaires

	France	Allemagne	Italie
Petites entreprises (chiffre d'affaires inférieur à 10 millions d'euros)	12,1	16	18,2
Entreprises moyennes (chiffre d'affaires entre 10 et 50 millions d'euros)	16	18,6	12,8
Grandes entreprises (chiffre d'affaires supérieur à 50 millions d'euros)	19,3	21,5	16

Source : Conseil d'Analyse Economique, 2011.

Comment s'étonner, avec cette stagnation économique, que les comptes sociaux aient sombré dans le rouge écarlate depuis belle lurette. Entre 2000 et 2011, le déficit cumulé des quatre branches de la sécurité sociale (assurance maladie, retraite, famille, accidents du travail) a été de 126 milliards d'euros[39]. Les quatre branches, malgré des cotisations lourdes qui plombent le coût du travail, affichent toutes des déficits structurels, sans que cela ne choque outre mesure. Peut-on simplement comprendre de quoi il s'agit ? Chaque branche couvre, telle une assurance, des remboursements liés à des frais que la collectivité a décidé de mutualiser. Comment accepter que ces budgets soient si lourdement déficitaires ? Comment accepter de laisser à nos enfants et à nos petits-enfants de tels stigmates de nos égoïsmes ? Les dépenses sociales ne devraient en aucun cas, sauf accident conjoncturel, être déficitaires. Ce ne sont pas, malgré les débats, des dépenses d'investissement qui préparent l'avenir. Ce sont des dépenses de consommation, fussent-elles de consommation médicale ou de pensions de retraite. Pourrait-on imaginer un ménage dont le budget courant soit chaque année déficitaire ? Les banques auraient vite fait de lui couper les vivres et le ménage serait contraint à sabrer dans ses dépenses et de rembourser ses dettes au plus vite, et parfois de vendre les bijoux de famille pour régler les ardoises. L'Etat n'est guère, de ce point de vue, que la somme de tous les habitants de notre pays et la seule

---

[39] Ce chiffre est à comparer aussi aux 1 700 milliards d'euros de dette. Nous sommes tous responsables...

différence avec le cas précédent tient en son crédit auprès de ses propres banques ou créanciers, qui sont manifestement plus compréhensifs. Mais pour combien de temps encore ?

Déficit du régime général de la Sécurité Sociale (chiffres en milliards d'euros)

Année	Maladie	Retraite	Famille	Accident du travail	Total
2000	-1,6	+0,5	+1,5	+0,4	+0,7
2001	-2,1	+1,5	+1,7	0	+1,2
2002	-6,1	+1,7	+1	0	-3,5
2003	-11,1	+0,9	+0,4	-0,5	-10,2
2004	-11,6	+0,3	-0,4	-0,2	-11,9
2005	-8	-1,9	-1,3	-0,4	-11,6
2006	-5,9	-1,9	-0,9	-0,1	-8,7
2007	-4,6	-4,6	+0,2	-0,5	-9,5
2008	-4,4	-5,6	-0,3	+0,2	-10,2
2009	-10,6	-7,2	-1,8	-0,7	-20,3
2010	-11,6	-8,9	-2,7	-0,7	-23,9
2011	-9,5	-6	-2,6	0	-18,1
Total par branche	-87,1	-31,2	-5,2	-2,5	-126

Source : Direction de la Sécurité Sociale, juin 2011.

A nouveau, parler en milliards ne veut rien dire au commun des mortels. Essayons de traduire le chiffre de 126 milliards d'euros en références plus communes ? En 2011, le SMIC s'élevait à 1 365 euros bruts. 126 milliards d'euros, c'est 7,7 millions de personnes payées au SMIC sur un an (ou encore 530 000 par an sur les 12 ans de notre analyse, 2000-2011). En d'autres termes, notre égoïsme à dépenser plus que nous n'avions en coffre pour nos dépenses sociales, a coûté, en brut, 530 000 emplois chaque année. Ramené à chaque actif en France, cela fait 5 040 euros qu'il faudra rembourser un jour, plus intérêts. Et oui, vous étiez heureux de vous faire rembourser votre grippe en 2005. Ce fut une illusion. On vous présentera simplement la note pendant plusieurs décennies, à votre insu, en augmentant les cotisations ou les impôts. Hypocrisie, quand tu nous tiens... Si nous ajoutons à ce chiffre le million d'emplois perdus dans l'industrie du fait de notre perte de compétitivité, et les 350 000 offres d'emploi non pourvues, faute de formation des chômeurs essentiellement, nous arrivons autour de 1,8 millions d'emplois que nos choix économiques absurdes nous ont fait perdre. 1,8 millions d'emplois perdus à comparer à un chômage de 2,8 millions de personnes, et sans compter que la morosité économique et sociale ont pesé depuis 10 ans sur la croissance. Aussi naïf que soit ce calcul, il illustre que notre modèle social, fait de droits-créances non financés par de la croissance ou de la productivité explique largement la sous-performance économique et le chômage de masse que nous connaissons. Mais il montre aussi qu'il n'y a pas de fatalité.

2. Le monde a changé ! Ouvrons les yeux !

Pour un étranger non instruit dans les arcanes de la politique française, un séjour en France en 2012 ne doit pas être sans rappeler celui d'Usbek et Rica dont Montesquieu décrivait les aventures truculentes dans ses *Lettres persanes*. Mais contrairement au 18ème siècle, où la diffusion des connaissances se faisait à la vitesse de la diligence à cheval, le 21ème siècle est celui de l'information instantanée. Rien n'est plus secret aujourd'hui et images, sons, vidéos, données circulent à la vitesse de la lumière dans des réseaux de fibre optique ou par satellite. Comment comprendre, alors, que la France évolue encore avec d'immenses œillères et fasse fi de la nouvelle réalité du monde tel qu'il est, là, devant nos yeux ? L'essentiel des débats lors de l'élection présidentielle de 2012 furent ainsi totalement surréalistes, à rebours des réalités. Comme à – presque – chaque fois, toutes les questions étaient traitées comme si notre pays vivait isolé du reste du monde, ou dans un passé révolu. Les débats sur les retraites se cristallisaient sur l'avancée de l'âge de départ, comme si notre pays était le seul à ne pas connaître l'allongement de la durée de la vie. Le débat sur la dépense publique s'arrêtait à la liste des nouvelles dépenses, comme si notre pays était le seul en Europe à connaître la prospérité et à disposer d'un solide excédent budgétaire et donc de solides marges de manœuvre (5,2% de déficit en 2011). L'envolée des prix du pétrole et du gaz pousse partout ailleurs les dirigeants à favoriser les économies d'énergie ou la prospection de nouveaux gisements, notamment de gaz de schiste, alors qu'en France nous parlons du retour de la TIPP flottante, c'est à dire de subventions à l'achat d'essence… Les quatre-cinquièmes du commerce international se font par mer et la France a la chance inouïe de disposer de l'un des plus importants domaines maritimes et d'une présence sur tous les océans et nous devisons de la démondialisation, tous seuls dans notre coin, en croyant naïvement que tous ceux qui profitent de la mondialisation vont se tirer une balle dans le pied pour nos beaux yeux. La Chine accroit son influence sur le continent asiatique, l'Afrique et l'Amérique du Sud, devenant le premier partenaire commercial du Chili, du Japon, de l'Australie, de la Corée et le premier investisseur – et de loin – au Brésil, et nous continuons à penser que la francophonie et notre exception culturelle nous permettront de briller, seuls, aux yeux des zones en croissance... L'Allemagne connaît un excédent commercial record, fruit d'une dizaine d'années d'efforts et de réformes et nous blâmons l'euro pour expliquer notre déficit commercial... Et finalement, nous pensons retrouver la croissance et la prospérité en mutualisant les dettes publiques européennes (les fameux « eurobonds »), nouvelle martingale qui consiste en réalité à faire payer les Allemands pour les incuries des autres, en omettant de rappeler que ces « eurobonds » ont existé de facto entre 2001 et 2008 dans la mesure où tous les pays de la zone euro, sans exception et Grèce comprise, empruntaient peu ou prou au même taux d'intérêt... On a vu ce que cela a donné ! Comme on pouvait s'endetter meilleur marché, on a tous eu la riche idée de s'endetter plus...

Ce chapitre va simplement procéder à quelques rappels factuels, en décrivant le monde tel qu'il est aujourd'hui, en 2012, et non pas tel que nous pourrions rêver qu'il soit. Ce monde est ouvert, connaît une forte croissance économique, tirée par les échanges internationaux. Des centaines de millions de personnes sortent chaque année de la misère et veulent consommer, poussant à la hausse les prix des ressources rares et des matières de base, pétrole, acier, aluminium, nourriture. Dans ce monde, les pays émergents ou nouveaux pays industrialisés jouent sur leurs avantages compétitifs, et notamment leur coût du travail symbolique, pour prendre des parts de marché sur les biens de consommation courante en décimant toute opposition dans les pays industrialisés, tout en prenant bien soin d'augmenter massivement leurs qualifications et de se rapprocher de la frontière technologique. Ces pays préparent l'avenir lorsque nous imaginons la civilisation des loisirs, le Ministère du Temps Libre ou les lois sur le farniente obligatoire. Dans ce monde encore, les mêmes pays émergents ont pris conscience de la raréfaction de certaines ressources naturelles et sécurisent leurs approvisionnements là où l'Europe joue la dilettante et risque de se trouver fort dépourvue, lorsque la pénurie sera venue. Dans ce monde enfin, l'influence culturelle provient de l'influence économique et la diplomatie ne se joue plus en arguant du droit d'ainesse des démocraties européennes qui ont inventé l'Etat Nation lors du traité de Westphalie en 1648, mais en sortant le carnet de chèques, domaine où la Chine excelle alors que nous avons les poches vides et trouées...

2.1. La Chine – la résurrection d'une grande civilisation

Réserver un chapitre entier sur la Chine peut sembler convenu. C'est le nouveau thème à la mode et il n'est pas une émission de télévision qui ne devise sur nos lointains amis et sur le rôle nouveau qu'ils exercent et exerceront à l'avenir sur les plans économiques, diplomatiques et culturels. Je ne suis pas sinologue émérite donc il n'y aura aucun scoop dans ce qui va suivre. Juste des données factuelles sur la réalité de l'économie chinoise, que l'on aime tant à caricaturer chez nous.

Il est peu de dire que la Chine a considérablement changé depuis que Deng Xiaoping, à peine intronisé responsable de la République Populaire, lançait, en 1978, ses fameuses réformes économiques qui allaient tant bouleverser ce grand pays. Pays largement rural à l'époque, où 85% de la population vivait avec moins de 1,25 dollars par jour[40], la Chine allait lancer quatre vastes chantiers simultanés de libéralisation et d'ouverture des marchés, sur un mode très capitaliste[41]. Ces chantiers étaient l'industrie, l'éducation, la défense et l'agriculture. Les trois mots d'ordres seraient pour chacun : investissement, développement et enrichissement ! Même si l'organisation communiste du pouvoir reste d'actualité, il est en effet truculent de voir les descendants de Mao donner des leçons de capitalisme qui, en France, suscitent l'ire des partis disant s'inspirer de l'idéal marxiste-léniniste... Comme quoi, le confort de la vie européenne a donné de bien mauvaises habitudes à certains qui ne pensent qu'en termes de répartition de richesses, créées miraculeusement, alors que l'essentiel de l'humanité se préoccupe plus de la création de richesses, qui n'a en fait rien de magique ni de définitif...

---

[40] Chiffres établis en parité de pouvoir d'achat par la Banque Mondiale, qui en a fait un indicateur de pauvreté. Le chiffre était en 2005 de moins de 18%, signalant une sortie massive de la pauvreté de centaines de millions de chinois.
[41] Voir le fameux « enrichissez-vous », slogan de la nouvelle économie socialiste de marché.

La base : l'autosuffisance alimentaire et le développement de l'agriculture

Les débuts de l'ascension économique de la Chine furent laborieux, car le pays restait largement rural, à plus de 80%, sa population peu qualifiée et la fermeture politique et diplomatique jusqu'en 1978 avait largement isolé le pays des progrès scientifiques, culturels, managériaux. La transition se fit grâce à deux mouvements parallèles complémentaires : une modernisation massive du secteur agricole et la création des fameuses Zones Economiques Spéciales, essentiellement placées sur la Côte Sud du pays et qui devaient accueillir dans des conditions très favorables les usines étrangères et leurs technologies qui faisaient si gravement défaut à la Chine.

Avec près du cinquième de la population mondiale et un peu moins de 8% des terres cultivées de la planète, la Chine a toujours vu dans l'agriculture et dans l'autosuffisance alimentaire un élément clé de souveraineté et un prérequis pour tout développement ultérieur. La première réforme de Deng Xiaoping fut donc dédiée à l'agriculture, en mettant largement fin au système collectiviste hérité de la Grande Marche de Mao et en promouvant la responsabilité individuelle des agriculteurs. Petit à petit, la libéralisation s'est poursuivie – liberté des prix, libre entreprise et finalement la mise en place d'un système de cotations boursières très proche de celui que nous connaissons en Occident. Curieusement, alors que les cotations financières des matières premières sont aujourd'hui largement controversées en Europe, selon le principe que la spéculation sur les denrées alimentaires ne serait que peu légitime, la bourse chinoise de Dalian, spécialisée dans ces produits, connaît un essor remarquable. Créée en 1993, elle capture déjà 3% des échanges mondiaux, soit un triplement de sa part de marché depuis 2006. Sur le marché à terme sur produits agricoles (les *futures*), avec 29% des flux mondiaux, elle se positionnerait déjà en seconde position, juste derrière le Chicago Mercantile Exchange, vieux de plus d'un siècle et riche de son implantation au cœur de la première puissance économique et agricole du monde.

Les résultats de cette politique agricole sont tout à fait étonnants : avec seulement 60% des terres arables des Etats-Unis (1,4 millions de kilomètres carrés dont seulement 0,5 million irrigués, contre 0,2 millions en France à titre de comparaison), la Chine a produit en 2005 presque un tiers de plus que les Etats-Unis au total, multipliant par exemple par 10 la production de blé depuis 1960, la production de coton par 2, celle d'oléagineux par 5, de viande et de poisson par 10. Bien sûr, ces rendements exceptionnels ne sont par arrivés par magie. Depuis une dizaine d'années, la Chine est en tête des consommations mondiales de fertilisants et autres pesticides, avec près de deux fois la consommation américaine et plus de dix fois la consommation française. La productivité agricole reste également faible en Chine, avec encore 30% de la population active employée dans les champs et une production qui s'élève à 14% du PIB environ, contre 7% de la population active en France et 4,5% du PIB. Les fermes sont minuscules, avec des superficies moyennes de moins de 0,65 hectare contre 73 hectares en France et 170 hectares aux Etats-Unis. Et les techniques restent peu évoluées, avec une très faible pénétration des matériels modernes, par exemple moins d'un million de tracteurs en Chine (chiffres de 2002) contre près de 5 millions aux Etats-Unis et environ 1,5 millions en France.

Mais les succès les plus fameux de la Chine sont certainement à trouver dans sa formidable machine de guerre industrielle, qu'elle a réussie à constituer patiemment depuis une trentaine d'années, et dont le décollage réel s'est fait depuis l'entrée du pays dans l'OMC en 2001.

L'industrie en Chine – une formidable machine de guerre et une stratégie de montée en gamme

Le visiteur qui avait connu la Chine au début des années 90 et qui y retournerait aujourd'hui ne reconnaîtrait rien. Les paysages des grandes villes ont été complètement bouleversés et là où on ne voyait que vélos sur les chemins, on découvre désormais des embouteillages monstres sur des rocades autoroutières à plusieurs voies. Tout est affaire de superlatifs lorsqu'on décrit les performances économiques chinoises. Jugeons-en plutôt : en 1990, le revenu par habitant était de 339 dollars – il dépassait les 5 000 dollars en 2011. Jamais dans l'histoire humaine, une telle accumulation de richesses n'avait été faite à une telle échelle et aussi rapidement. A titre de comparaison, il fallut presque 100 ans à la Grande Bretagne et à la France pendant la première révolution industrielle pour réaliser cette même performance, pour quelques dizaines de millions de personnes seulement. Les dix dernières années ont encore vu un triplement des salaires et des revenus et la

Chine dépasser, en 2010, les Etats-Unis comme première puissance exportatrice au monde, et le Japon comme deuxième économie mondiale (en termes de PIB mesuré en nominal ou en parité de pouvoir d'achat). Cette même année 2010, la Chine détrôna les Etats-Unis de la position de première économie industrielle, en terme de production, qu'elle détenait sans interruption depuis 1900 ! Que de chemin parcouru depuis les humiliations des Traités inégaux et les guerres de l'Opium. Et que de chemin encore depuis le virage économique de Deng Xiaoping.

Au cœur de ce succès, la production industrielle a joué un rôle essentiel et structurant. Dès 1978, Deng lançait quatre zones économiques spéciales dans le Sud du pays, essentiellement dans la province du Guangdong et sur l'île de Hainan. Les conditions très favorables (fiscalité allégée, faibles droits de douanes, libre circulation des capitaux entrants et sortants, notamment les bénéfices, extraterritorialité de certains personnels étrangers s'installant) ont été décisives et le choix de la localisation ne devait rien au hasard. Dès l'origine, les dirigeants chinois visaient à attirer les entreprises de main d'œuvre des grands pays industriels asiatiques voisins : Hong Kong qui était encore sous domination britannique jusqu'en 1997 et qui n'est qu'à 130 kilomètres de Canton ; Taiwan qui, malgré ses relations ombrageuses avec le *Mainland*, lui est restée proche économiquement ; la Corée du Sud dont le développement économique était à peine plus récent. Le succès dépassa leurs espérances. Entre 1978 et 2010, la Chine reçut plus de 500 milliards de dollars d'investissements directs à l'étranger, essentiellement dans les zones économiques spéciales, près de 10 fois les sommes que le Japon reçut de son côté entre 1945 et 2000 et un multiple, en proportion du PIB, de celles reçues par les Tigres asiatiques[42]. Dans la région de Canton, ces flux représentaient près de 10 points de PIB, chaque année. Il n'y a aucun autre exemple de telles entrées de capitaux dans l'histoire économique et il convient de rappeler que, en comparaison, le fameux Plan Marshall n'avait représenté qu'un effort unique d'un peu plus de 2% du PIB européen !

---

[42] La plupart de ces chiffres proviennent de l'ouvrage remarquable de Martin Jacques, *When China rules the World*, édition Penguin, que je ne saurais trop recommander à tous ceux qui veulent comprendre l'Empire du Milieu.

En facilitant les installations d'entreprises étrangères en Chine, les dirigeants visaient à encourager l'accumulation de capital, qui manquait cruellement dans le pays, à assurer les transferts de technologies et à accompagner la montée des qualifications des salariés, qui baigneraient dans les savoir-faire étrangers. Là encore, ce fut un succès. Trouvant une main d'œuvre à des coûts défiant toute concurrence, les grands pays industrialisés délocalisèrent massivement leurs productions en Chine dès les années 80 et 90, mais le mouvement s'accéléra brutalement au début des années 2000 lorsque la Chine accéda à l'OMC comme membre à part entière (elle n'était qu'observateur au sein du GATT depuis 1982). Si l'ascension de la Chine s'est faite au travers du commerce international et de l'exportation de produits manufacturés, qui représente environ 75% du PIB, il faut rappeler qu'entre 60 et 80% de ces exportations, suivant les secteurs, sont en fait le produit d'entreprises étrangères installées en Chine.

L'autre particularité du développement économique et industriel chinois va à l'encontre des préjugés que nous pouvons avoir sur ce pays. Contrairement aux autres pays asiatiques qui ont essentiellement appliqué des stratégies protectionnistes lors de leur envol, dans le droit fil des théories d'Akamatsu (Japon, Corée du Sud, Taiwan, Singapour, Hong Kong étant un cas particulier du fait de son rattachement à la couronne britannique), la Chine s'est immédiatement immergée dans la concurrence internationale et n'a que très peu fait appel à des mesures protectionnistes, au moins au niveau de son industrie. Le choc fut naturellement très violent et le paysage concurrentiel chinois a été rapidement bouleversé, avec des vastes mouvements de consolidations autour de grands groupes publics (*State Owned Entreprises* ou SOE) et simplement l'arrivée massive d'entreprises étrangères, notamment taiwanaises. De 79 millions de dollars en 1979, les échanges entre la Chine et Taiwan, essentiellement sous forme d'exportations de produits manufacturés sous-traités en Chine, atteignaient 480 millions en 1981 et 1,5 milliards de dollars en 1985. En 1993, ces flux de marchandises dépassaient les 15 milliards de dollars, alors même que les Investissements Directs à l'Etranger de Taiwan en Chine dépassaient les 10 milliards de dollars, soit près de 45% du total des IDE sortants de Taiwan !

La force industrielle de la Chine dépasse la plupart des superlatifs. Si en 2001 la Chine représentait 3% du commerce international, en

2011 elle atteignait 12%, soit un point de plus que les Etats-Unis ou l'Allemagne, dont les puissances industrielles sont presque bicentenaires. Ces 9 points de part de marché supplémentaires ont essentiellement été pris au détriment des Etats-Unis (-4 points) et de la zone euro (-3 points). Plus de 42% du PIB chinois venait en 2011 de l'industrie, soit plus de 15 points de plus qu'en Allemagne et 3 fois plus qu'en France, qui dépasse à peine les 14%. Depuis près de 30 ans, la Chine a enregistré des taux de croissance à deux chiffres (entre 12 et 20%) de sa production industrielle, bien supérieurs à celui du PIB. Cette production industrielle a atteint le montant faramineux de 1 995 milliards de dollars en 2010, contre 1 952 milliards de dollars pour les Etats-Unis cette même année. Bien sûr, on pourra toujours dire pour se consoler qu'il n'y a que 11 millions de travailleurs dans l'industrie aux Etats-Unis, contre 110 millions en Chine. Mais cet écart massif de productivité, de 1 à 10, peut-il encore durer très longtemps ?

Cette question est au cœur du mouvement de montée en gamme entamé par les dirigeants chinois depuis le début des années 2000, et de sinisation de l'industrie. Il est peu de dire que la Chine a aujourd'hui pris une part dominante dans les échanges de biens de consommation courante peu sophistiqués, comme l'illustre le tableau ci-dessous. Dans les cinq premiers secteurs, à savoir le textile, les produits électroniques, le matériel électrique, la filière bois et papier, le jouet (rattaché à la filière bois et papier dans les statistiques pour une raison indéterminée, dans la mesure où il y a aujourd'hui beaucoup moins de jouets en bois qu'il y a un siècle) et les produits sidérurgiques, la Chine détient une place dominante et distance tous les autres pays. Mais ces segments à faible valeur ajoutée sont également ceux qui sont aujourd'hui les plus concurrentiels, et même la Chine commence à connaître les affres des délocalisations vers des contrées encore moins disantes, comme le Viet Nam ou l'Inde où les salaires sont environ moitié moins élevés qu'en Chine (environ 0,5 dollar de l'heure au Viet Nam et 1 dollar de l'heure en Inde contre 1,5 dollars de l'heure en Chine).

Depuis 2005 environ, de vastes mouvements de grève et des conflits sociaux très durs ont obligé les employeurs chinois à augmenter très significativement les salaires dans les usines géantes du Sud du pays. Nous avons tous en tête les images des salariés de l'usine Foxconn, sous-traitant taiwanais d'Apple qui emploie la bagatelle de 270 000 personnes dans son site de Shenzhen, contraint après plusieurs suicides médiatisés de consentir des augmentations de salaire de 70% à la fin 2010 ! Voilà qui ferait rêver les syndicats en France... Ces troubles sociaux ont touché la plupart des grands bassins industriels du pays, entraînant trois types de conséquences. Des fermetures d'usines dans les zones touchées par les troubles sociaux, des ré-implants dans les zones centrales de la Chine, peu industrialisées et une forte montée en gamme des usines sur la côte Sud.

On le sait peu, mais la Chine est le pays où sont annoncés les plus grands plans sociaux au monde et, depuis plusieurs années, le pays connaît intimement le phénomène de baisse de compétitivité et de délocalisations. En 2007, Martin Jacques dénombrait 1 000 fermetures d'usines de fabrication de chaussures dans le Guangdong, presque 20% du total, et en 2008, ce sont 4 000 usines de jouets qui ont fermé leurs portes ! Bon nombre ne pouvaient plus être compétitives après les augmentations de salaires qu'elles avaient du consentir à leurs salariés et avaient pris la route de l'Inde pour certaines et pour les autres des provinces du centre de la Chine, comme le Sichuan, le Shanxi au Nord, le Shandong ou encore le Jiangxi[43]. Dans ces provinces, des centaines de millions de paysans constituent encore une armée de réserve de salariés, chère à Lénine, et sont désireux de travailler dans les usines fraichement installées pour une fraction du coût dans le Guangdong – entre 20% et 40% plus bas que dans les villes de Shanghai, Shenzhen ou Canton.

L'alternative des provinces côtières, face à ce mouvement sans précédent de délocalisation vers l'intérieur des terres, est de monter en gamme et s'accroître la valeur ajoutée des produits fabriqués et de « nationaliser » les usines en tentant de capturer une plus grande part de cette valeur ajoutée. Comme nous l'avons vu, la Chine a en effet fondé son ascension économique sur sa capacité à assembler des biens de consommation dans des usines géantes, transplants étrangers de grandes enseignes internationales. Or, sans méconnaître les mérites immenses des chinois, l'assemblage proprement dit ne représente finalement qu'une part faible dans la valeur ajoutée d'un bien, entre 5 et 15%. Paradoxalement, plus les

---

[43] Pour cadrer les ordres de grandeur, la province du Sichuan compte environ 80 millions d'habitants, autant que l'Allemagne ; Celle du Jiangxi un peu plus de 40 millions, autant que l'Espagne.

biens sont de haute technologie et plus cette part est faible. L'exemple le plus criant est le célèbre iPhone d'Apple, *designed by Apple in California and assembled in China* : seuls 4% du prix de vente final est capturé par l'opération d'assemblage dans les immenses usines Foxconn !

Le processus de montée en gamme est donc vital pour soutenir la croissance et, à tout le moins, pour occuper les millions de salariés des zones côtières, désormais victimes à leur tour des délocalisations. Les décisions ont, comme toujours en Chine, été promptes et radicales. En moins de 10 ans, les dépenses privées de R&D des entreprises chinoises ont quadruplé et les dépenses totales de R&D ont été multipliées par 10, lorsqu'elles ne croissaient que de 50% aux Etats-Unis sur la même période. La part de la Chine dans les publications scientifiques mondiales augmentait de façon symétrique, de 2% en 1995 à près de 12% en 2010, signe que, là encore, les efforts consentis portent rapidement leurs fruits. Les hausses des qualifications ont été similaires, avec 84 millions de diplômés de l'université désormais en Chine contre moins de 25 millions en 1996, et 36% d'une classe d'âge poursuivant des études supérieures en 2012. D'autres succès sont naturellement à trouver dans le développement de marques de haute-technologies 100% chinoises, telles que Lenovo, Huawei[44], deuxième acteur mondial des équipements en télécommunications devant Nokia mais juste derrière Ericsson, avec près de 15% du marché mondial, ou encore Suntech Power, leader mondial de la production de panneaux solaires, avec une production annuelle équivalente à celle de 10 centrales nucléaires de type EPR.

L'industrie des transports, qui fait la fierté de la France avec des bijoux comme EADS, maison mère de Airbus et d'Eurocopter, ou encore Alstom, créateur du TGV, ou Renault et Peugeot, est également l'un des principaux axes de développement chinois. Plusieurs marques automobiles 100% chinoises ont vu le jour comme BYD, Geely[45] ou Chery, dont la particularité est d'intégrer la totalité de la production dans un même ensemble (donc sans utiliser la sous-traitance) et donc d'être structurellement capables de construire des voitures à moins de 4 000 dollars. Le train à grande

---

[44] 140 000 salariés dont 70 000 chercheurs ; 49 000 brevets... Qui dit mieux ?

[45] Connue pour avoir acheté la marque Volvo en 2010.

vitesse est aussi une nouvelle force de la Chine, avec des producteurs locaux et un réseau immense, qui a dépassé en 2012 la somme cumulée de toutes les lignes dans les autres pays du monde. Le fleuron de l'industrie ferroviaire chinoise, China South Locomotive a même dépassé le canadien Bombardier en 2010 en terme de chiffre d'affaires. Et que dire du secteur de l'aéronautique ? La société Chengdu Aircraft Industry Group, fondée en 1958, est aujourd'hui l'une des plus avancées technologiquement au monde, grâce notamment à son appareil furtif J-20, dévoilé en 2010. Dans le domaine civil, la Comac (Commercial Aircraft Corporation of China), née seulement en 2008, ambitionne de lancer son premier appareil commercial, le ARJ21, dès 2016, pour concurrencer directement Airbus et Boeing sur le segment des avions commerciaux monocouloirs de moins de 120 places. Avec déjà plus de 300 commandes, le succès est indéniable. On pourra toujours objecter que l'essentiel des commandes vient de compagnies aériennes chinoises ou malaisiennes, mais qu'en sera-t-il d'Airbus lorsque la Comac se lancera sur les marchés internationaux, et notamment dans des pays émergents avec lesquels la Chine entretient, depuis peu, de solides relations diplomatiques, stratégiques et culturelles ?

Parts de marché de la Chine dans les exportations mondiales

	1990	2008
Textile – Habillement – Cuir	7,8%	32,0%
Produits électroniques	1,3%	22,4%
Matériel électrique	1,8%	19,8%
Bois – Papier – Jouets	2,8%	19,2%
Produits sidérurgiques	1,0%	9,4%
Total	**1,7%**	**9,4%**
Produits mécaniques	0,5%	8,2%
Produits chimiques	1,2%	6,6%
Métaux non ferreux	0,8%	4,2%
Produits agroalimentaires	1,9%	3,0%
Véhicules	0,1%	2,9%
Produits énergétiques	1,5%	1,0%

Source : Conseil d'Analyse Economique, 2010.

Une diplomatie économique qui est un modèle du genre

Si on dit souvent que l'échec est orphelin, le succès apporte beaucoup d'amis. La Chine a donc vu sa cote augmenter à mesure que son « compte en banque », à savoir ses réserves de change et son PIB, se garnissait. Et force est de constater que la Chine a su parfaitement jouer sa partition, en s'imposant diplomatiquement dans de nombreuses régions vues comme stratégiques et en sécurisant ses approvisionnements, dans l'anticipation de tensions exacerbées sur les marchés des ressources naturelles. Pour cela, elle a dépensé sans compter.

Pour comprendre son enthousiasme diplomatique, il suffit de faire la liste de ses besoins de matières premières. En 2010, la Chine a consommé plus de 10% de la production de pétrole mondiale (dont elle est importatrice nette depuis 1996 pour 50% de sa consommation), 43% du zinc, 42% de l'acier, 44% du minerai de fer, 39% du cuivre, 44% du charbon, sans parler des matières premières agricoles nécessaires pour nourrir 1,3 milliards de personnes. Faut-il alors s'étonner de voir la carte stratégique de la Chine se superposer de façon exacte avec celle des producteurs de matières premières ?

Et étant donné les besoins inextinguibles de l'Empire du Milieu, tous les continents y sont passés.

L'Asie du Sud-Est a naturellement représenté le plus gros des efforts chinois, en attirant plus de la moitié des 70 milliards de dollars d'investissements annuels directs chinois à l'étranger. Que l'on aille en Indonésie, en Malaisie, en Corée, au Viet Nam, partout on trouve trace d'investissements chinois. Mais la palme asiatique revient sans conteste à l'Australie, terre occidentale dans l'Océan Pacifique. Pays à la taille d'un continent et peuplé de moins de 23 millions d'habitants, l'Australie regorge de matières premières : troisième producteur de minerai de fer, deuxième de nickel et d'or, deuxième encore dans le zinc, premier exportateur mondial de charbon, troisième producteur d'uranium après le Kazakhstan et le Canada… La liste est interminable. Longtemps lié économiquement avec les Etats-Unis et l'Europe, l'Australie n'a pas tardé à succomber aux sirènes chinoises, sans enthousiasme néanmoins. En 2010, avec 22% de ses exportations, la Chine devenait le premier partenaire commercial de l'Australie, loin devant les Etats-Unis qui arrivaient à peine à 5%.

En Amérique Latine, terre lointaine de Pékin, les échanges ont connu une envolée exponentielle au cours des 10 dernières années. Attirée par les ressources naturelles brésiliennes ou péruviennes, la Chine a là encore dépensé sans compter, en investissant près de 20 milliards de dollars au Brésil en 2010, soit plus de 30% du total des IDE entrants et plus de 10 milliards de dollars dans le secteur énergétique du Pérou, soit 25% du total. Dans les deux cas, les cibles chinoises sont parfaitement identifiées : soja, minerai de fer et pétrole au Brésil ; cuivre, or, phosphate et argent au Pérou. Longtemps terre de conquête américaine et européenne, grâce aux anciens liens coloniaux notamment, l'Amérique du Sud a, depuis quelques années, réorienté ses exportations vers la Chine. En 2009, Pékin devenait le premier partenaire commercial du Brésil, le second de l'Argentine, le premier partenaire commercial du Chili et le quatrième au Pérou.

En Afrique, la pénétration est toute aussi spectaculaire. Longtemps délaissé, le continent africain est l'une des principales cibles économiques et diplomatiques de la Chine. Et là encore, l'Empire du Milieu a utilisé les grands moyens : fonds de développement sino-africain doté de 5 milliards dc dollars, annulation de dette des pays les plus endettés et les moins développés, 5 milliards de dollars de lignes de crédits et de prêts à taux bonifié, un montant similaire de participations dans des sociétés pétrolières des principaux pays producteurs (Nigeria, Angola, Tchad, Soudan). Pourtant, il n'y a pas de trace d'altruisme désintéressé, mais simplement l'appétit vorace pour les matières premières dont le continent africain regorge, à commencer par le pétrole. Sur les 120 milliards de dollars d'importations d'origine africaine en Chine en 2011[46], 12 fois plus qu'en 2000, plus de la moitié était du pétrole brut et les 9/10èmes des produits de base – platine indispensable dans l'industrie, cobalt, manganèse, chrome, titane, mais aussi bois, et soja. En 2009, la Chine est devenue le premier partenaire commercial de l'Afrique et le premier investisseur étranger en Afrique sub-saharienne, essentiellement en Afrique du Sud, au Nigeria, en Zambie, mais aussi en Algérie et au Soudan, dont la moitié des exportations de pétrole de 400 000 barils par jour prend la direction de la Chine. Entre 2005 et 2007, l'incontournable Martin Jacques estime que la Chine a apporté presque autant d'aides financières au continent africain que la Banque Mondiale, avec 16 milliards de dollars contre 17,4 ! Les économistes évaluent à près de 50% la contribution de la Chine, seule, à la croissance africaine d'environ 5% par an depuis 2001. Peut-on dès lors s'étonner que Pékin marque des points diplomatiques sur le continent africain ?

Bien plus proche de la France, nous voyons, en pleine crise financière, le bloc européen se fissurer dans ses rapports avec la Chine. On se souvient tous des responsables du Fonds Européen de Stabilité Financière prendre le premier avion pour Pékin en Juillet 2011, juste après le sommet de Luxembourg qui avait autorisé le Fonds à émettre des obligations sur les marchés financiers, en complément des moyens mutualisés par l'Europe. Le FESF, lancé sur ses fonds baptismaux en 2010 et destiné à apporter des liquidités d'urgence, par centaines de milliards, aux pays européens qui voyaient les uns après les autres les portes des marchés financiers se fermer, cherchait son salut au cœur de la Cité Interdite, dans un pays où le revenu par habitant n'est qu'un cinquième, en moyenne, de celui de l'Union. Mais d'autres dirigeants, déjà touchés par la crise, les avaient devancé : la Grèce qui a échangé un prêt

---

[46] Notons que les échanges commerciaux entre l'Afrique et la Chine ont encore augmenté de 89% entre 2010 et mi-2012, et les investissements chinois en Afrique ont doublé en 2012 par rapport à 2011...

chinois de quelques milliards contre sa bienveillance diplomatique et l'accès privilégié pendant 35 ans au port du Pirée, à 12 kilomètres d'Athènes ; le Portugal et l'Espagne encore, et la Hongrie, la Bulgarie ou la Roumanie, fraichement extraits de l'Union Soviétique mais déjà retournant le regard vers l'Est. Est-il utile de préciser, dans ces conditions, que les discours et propositions françaises sur le protectionnisme européen, nouvelle martingale censée sauver son industrie mourante, et visant naturellement au premier chef la Chine et l'Asie du Sud-est n'ont que très peu de chances d'aboutir un jour... Dans les décombres financiers de l'Europe et ses besoins impérieux de capitaux frais, c'est toute la diplomatie de l'Union qui prend l'eau, au profit des nouveaux créanciers bilatéraux. Les Chinois l'ont bien compris et ont acheté, en solde, une place de choix au sein du club des nouveaux « amis » de l'Europe. Ironiquement, cela n'a finalement pas couté très cher à Pékin qui cherchait, au même moment, à diversifier ses réserves de change en euros[47] !

L'approche chinoise est totalement pragmatique, et la Chine a toujours été très mal à l'aise lorsque certains pays tentaient de dupliquer le modèle chinois, croyant y trouver la martingale universelle pour assurer leur développement économique. Il n'est en effet nulle intention idéologique dans les relations que la Chine développe et entretient avec plusieurs pays. Il est uniquement question de sécurisation des approvisionnements en matières premières, essentiellement énergétiques, car la Chine est particulièrement sous-dotée en la matière. A l'exception du charbon et des fameuses terres rares, la Chine manque de tout. Mais si l'idéologie n'est pas le moteur des relations internationales de l'Empire du Milieu, il convient de reconnaître que ses succès économiques ne sont pas sans attirer l'attention ou susciter l'intérêt des pays en voie de développement. Selon le bon principe que ce qui marche fait envie, il n'est pas un pays africain, d'Amérique latine ou d'Asie du Sud-Est qui n'observe et décortique les raisons du succès chinois. Comment les blâmer de privilégier la Chine et ses succès, au risque de les voir tenter d'implémenter des organisations politiques que nous estimons peu démocratiques, au lieu de copier le modèle européen dont les succès économiques récents sont plus

---

[47] De 3 050 milliards de dollars à l'été 2011, au moment où l'Europe l'appelait à la rescousse...

discutables... La Chine démontre ainsi qu'un développement économique rapide n'est pas consubstantiel à une organisation démocratique. Elle démontre que l'Etat stratège peut avoir un rôle essentiel en forçant les règles du marché et en décidant *ex cathedra* d'allouer des sommes extravagantes à l'investissement, au lieu de privilégier la consommation comme en Europe ou aux Etats-Unis. Elle démontre également que les relations internationales les plus prospères sont celles qui naissent de la *Real Politik*, où il n'est nulle question de culpabilisation ou de lier les aides à des réformes démocratiques. Pour Pékin, chaque pays est libre de son organisation politique et cette approche fondamentale explique largement son désintérêt, que nous trouvons coupable, pour certaines exactions au Soudan ou en Syrie. Cette approche est en fait beaucoup moins cynique qu'il y paraît car c'est une conviction, en Chine, que les relations internationales doivent être fondées sur des intérêts communs, et pas sur des jugements de valeurs éthiques. Pour les Européens que nous sommes, cette approche est choquante car nous avons la conviction, de notre côté, que les valeurs que nous défendons sont universelles. Mais, à la lecture de ce qui précède, il est aussi possible de juger sans complaisance l'échec de notre approche, sans doute plus inspirée moralement, mais aussi inefficace. Les pays émergents ont, au 21ème siècle, moins besoin de leçons de morale et de Droits de l'Homme, hélas, que d'investisseurs étrangers et de partenaires commerciaux. Nos insuccès économiques et la morosité de nos performances ne plaident ni pour la promotion du modèle européen en échec, ni pour l'accroissement des aides au développement... Méditons cela...

Un pilotage économique avisé

A tant insister sur les importations de matières premières et les exportations de produits manufacturés, on pourrait croire que le commerce extérieur a été le moteur essentiel de la croissance chinoise. C'est l'image d'Epinal classique et c'est surtout une image totalement fausse. Comme l'indique le tableau ci-dessous, l'essentiel de la croissance chinoise de plus de 10%, en moyenne, a été expliquée et tirée par les investissements, dont les montants ont été – et demeurent – totalement inédits à l'échelle de l'humanité et de son histoire. Lorsqu'en France, la consommation s'élève environ à 65% du PIB, nous atteignons péniblement les 35% en Chine en 2011, en baisse de 10 points depuis 2000. Par habitude et par angoisse de l'avenir, dans un pays où le système de protection sociale est très modeste, les chinois sont fourmis et épargnent plus de 40% de leurs revenus, contre 16% en France et moins de 5% aux Etats-Unis. Forte de cette manne financière peu ou pas rémunérée et donc fort bon marché, la Chine a pu entretenir, année après année, des plans d'investissements majeurs, essentiellement financés par les grandes banques publiques. Chaque année, ce sont donc l'équivalent de 5 à 20% du PIB des régions chinoises qui est investi en infrastructures, en nouveaux moyens de production, et bien sûr parfois en dépenses de prestige absurdes et en villes fantômes que des promoteurs ambitieux construisent au milieu du néant. A nouveau et pour mesurer l'ampleur de cet effort inouï, il convient de rappeler que le Plan Marshall fut une aide, unique, de 2% du PIB européen ! La Chine organise donc, dans ses provinces reculées, des efforts équivalents à 2 ou 5 plans Marshall, chaque année !...

Contributions des différents facteurs à la croissance chinoise (en % de PIB)

	Consommation	Investissements	Exportations nettes
1998	4,4	2,1	1,3
1999	5,7	1,8	0,1
2000	5,5	1,0	1,0
2001	4,1	4,2	0
2002	4,0	4,4	0,7
2003	3,5	6,4	0
2004	3,9	5,6	0,6
2005	4,0	3,9	2,5
2006	4,5	4,9	2,2
2007	4,7	4,9	2,3
2008	4,1	4,1	0,8

Source : Conseil d'Analyse Economique.

Ces efforts ont été encore plus spectaculaires pendant la crise de 2008. Alors que 75% de son PIB est constitué d'exportations (même si une proportion identique est constituée d'importations), la Chine aurait dû souffrir du ralentissement brutal de l'économie mondiale à partir de 2008. Il n'en a rien été pour une raison simple. Dès 2008, voyant l'Europe et les Etats-Unis s'effondrer sous le poids de leurs excès financiers, la Chine a lancé un plan d'investissements exceptionnels sans précédent de 580 milliards de dollars, soit environ 10% du PIB de l'époque... Nous sommes bien loin du plan de relance de François Mitterrand de 1981 qui, sous les vivats, ne dépassa pas 1,8% du PIB. Et nous en sommes encore plus loin dans la répartition des dépenses. La totalité de ces 580 milliards de dollars fut dépensée en infrastructures et en investissements par la Chine, au travers de prêts consentis par les banques locales – et non par l'Etat. Là où la France avait privilégié la consommation immédiate, et la relance de l'Allemagne qui exportait ses produits de consommation en France à l'époque, la Chine a préféré préparer l'avenir. Tout ne fut pas réussi naturellement et il est des milliers de kilomètres de lignes de chemins de fer qui ne verront pas un train de sitôt, des routes qui ne seront jamais parcourues par des voitures ou des immeubles sans habitants. Mais il y eut aussi des investissements massifs de 460 milliards d'euros au total (en comptant des sommes engagées pour la période 2010-2020) dans la création d'un réseau électrique intelligent (*smart grid*), dans le développement de la cogénération, dans la rationalisation des transports, notamment vers les nouvelles zones de croissance à l'intérieur des terres. La Chine a, contrairement aux rumeurs, largement pris conscience que sa voracité énergétique était non soutenable et qu'elle devait faire des efforts pour mieux utiliser les matières premières et réduire ses émissions de gaz à effet de serre. En 10 ans, elle est déjà parvenue, certes en partant d'un chiffre élevé, à réduire de 20% l'intensité énergétique de sa croissance, c'est à dire la consommation énergétique nécessaire pour fabriquer l'équivalent de 1 point de PIB et elle a le même objectif d'ici 2020. D'ici 2020 encore, la Chine a pris l'engagement de réduire de 45% ses émissions de gaz à effet de serre, par rapport aux émissions de 2005. Nul doute que cet engagement sera tenu.

2.2. Le nouveau paradigme économique

Le long intermède sur la description de la situation chinoise avait un seul objet : illustrer que l'organisation économique du monde a changé et que les règles du jeu ne sont plus fixées par les pays occidentaux. Production industrielle bon marché dans les pays émergents, compétition dans l'accès aux ressources de base et pression sur leur prix, diffusion quasi-instantanée des technologies, obsolescence accélérée des produits, dumping environnemental et social, voilà en résumé de quoi le monde économique est fait désormais. Certains déséquilibres pourront évoluer, grâce aux instances internationales, à la réglementation et à l'élévation des niveaux de vie dans les pays émergents, mais d'autres resteront pérennes et il va falloir apprendre à faire avec, au moins. Idéalement, il faudrait apprendre à dominer les nouvelles règles du jeu si nous voulons maintenir notre niveau de vie, et pourquoi pas l'augmenter.

Entre inflation et déflation

La France, comme la plupart des pays industrialisés, se retrouve prise en tenaille entre d'un côté l'inflation du prix des matières premières qu'elle doit importer et de l'autre la déflation continue des prix des produits manufacturés, fabriqués à faible coût dans les pays émergents. Trop longtemps, malgré les avertissements et les prévisions alarmistes, nous avons cru pouvoir nous en tirer sans entreprendre de réformes structurelles. Hélas, en pleine crise financière, nous prenons la mesure de l'enjeu.

Depuis une dizaine d'années, le prix des matières premières n'a cessé d'augmenter, à mesure que de nouveaux pays – Chine, Inde, Brésil en tête – s'inséraient dans les marchés internationaux. Au cœur des convoitises, les ressources énergétiques, le minerai de fer, les céréales, mais également l'eau potable. Qu'on en juge plutôt avec quelques chiffres. En 1973, le monde consommait 2,8 milliards de tonnes de pétrole – les Etats-Unis à eux seuls en engloutissaient 30%, juste devant l'Europe avec 26%. La même année, la Chine, qui comptait presque deux fois plus d'habitants que les deux précédents réunis n'atteignait pas 2% de la consommation mondiale et l'Inde moins de 1%. En 2010, la Chine dépassait les 10% de la consommation mondiale de pétrole qui était de 4 milliards de tonnes, devant l'Inde avec 4%. En 2001, les importations chinoises de minerai de fer ne dépassaient pas les 80 millions de tonnes – elles furent de 550 millions de tonnes en 2010. Devant cet appétit vorace, le prix du minerai est passé de moins de 30 dollars la tonne en 2001 à 136 dollars la tonne à la fin 2011 et le prix du pétrole de 23 dollars le baril environ en 2001 à 100 dollars le baril en juin 2012, après un pic à plus de 150 dollars à l'été 2008. Le prix du cuivre, quant à lui, a encore triplé entre 2009 et 2011, malgré la crise, avant de baisser en 2012. Il faut en juin 2012 la bagatelle de 7 700 dollars pour acheter une tonne de cuivre.

Toutes les matières premières sont touchées par l'inflation soutenue des prix, sans que des stratégies de substitution de leur consommation ou de recyclage[48] ne soient facilement implémentables à brève échéance. En parallèle, le développement de la production industrielle en Chine et dans les autres pays émergents a pesé à la baisse sur le prix des biens de consommation courante. Ces deux mouvements divergents ont entraîné un effet de ciseau sur nos pays et les marges de nos entreprises, et notamment pour les industries peu différenciées qui ne bénéficient pas d'un pouvoir de marché. Or, comme nous l'avons vu, la France souffre justement d'un déficit de différenciation et d'innovation et il est logique qu'elle soit plus frappée que l'Allemagne, qui a investi massivement dans la qualité et dans la production de biens non substituables, dont elle peut – presque – librement fixer les prix.

Toute notre organisation industrielle doit donc être revue, afin de faire face au nouveau paradigme économique, alors même que les marges de manœuvre budgétaires et fiscales sont bien minces, pour ne pas dire inexistantes. Si la compétition internationale sur la plupart des produits se limitait à une demi-douzaine de pays à la fin des années 70, le champ concurrentiel est désormais sans limites. En 1981, la relance de François Mitterrand avait bénéficié à l'Allemagne. Aujourd'hui, elle favoriserait la Chine, l'Inde, le Brésil, la Russie, l'Allemagne, l'Italie, l'Algérie, le Maroc, et d'autant moins la France. C'est bien cette réalité nouvelle qui demeure absente des

---

[48] A l'exception notable du cuivre et du fer, dont près de 60% de la consommation française est issue de la filière de recyclage.

106

débats quasi-surréalistes autour de l'opportunité d'une relance keynésienne de l'économie... Pauvre Keynes, dont la sépulture doit être en ruine à force d'avoir à se retourner périodiquement dans sa tombe...

Comme l'exemple allemand l'illustre, il ne peut y avoir de sortie de l'impasse dans laquelle nous sommes que par le haut, à savoir par des investissements massifs dans notre outil de production, une focalisation non moins massive sur la production de biens différenciés et à forte valeur ajoutée. Cette stratégie devra être incrémentale mais déterminée, car il est totalement illusoire de penser que nous pourrons recréer à partir du néant des filières industrielles que nous avons abandonnées (machine outil, outillage de précision, chimie lourde, sidérurgie lourde...) Notre salut viendra du renforcement de la compétitivité sur les secteurs où nous sommes présents et forts : textile (dont il faudra assurer la montée en gamme et la focalisation sur les fibres technologiques), chimie fine, sidérurgie de spécialité et alliages techniques, pharmacie, automobile, aéronautique, agroalimentaire, mais aussi filière bois et papier. Alors que nous sommes la deuxième puissance sylvicole européenne en terme de surfaces forestières et de diversité des essences, juste derrière la Suède, nous sommes les avant-derniers consommateurs de bois parmi les pays développés, avec moins de 0,2 mètre cube par habitant et par an, contre 1 mètre cube au Japon et en Finlande, 0,9 pour le Danemark, 0,5 pour les Etats-Unis et 0,25 pour l'Allemagne. Le déficit d'emplois dans le secteur, en comparaison de l'Allemagne, s'élèverait à presque 1 million (1,2 millions de salariés en Allemagne contre 184 395 en France, chiffres du Ministère de l'Economie et des Finances et du Ministère allemand de l'Agriculture pour l'année 2007) ! Nous disposons également d'une force substantielle dans les secteurs de l'énergie (Areva, EDF, GDF-Suez), des transports collectifs (SNCF, Veolia, Alstom), de l'assainissement et du traitement des eaux (Suez Environnement et Veolia)... Autant de secteurs qu'il faut consolider et rendre encore plus compétitifs. Et autant de secteurs où l'emploi viendra des PME que nous saurons faire croître et rendre plus agiles et conquérantes sur les marchés extérieurs. Pour cela, il n'y a rien de magique. Si nous ne pouvons que modestement peser sur les prix des matières premières à notre niveau (cf. chapitre suivant), nous disposons de marges de manœuvre, à commencer par la baisse des charges pesant sur les emplois, la facilitation des démarches, l'accès aux financements et notamment aux fonds propres et aux crédits de trésorerie et l'accompagnement à l'international. Autant de services que l'Etat peut rendre et qui permettront aux chefs d'entreprises de se focaliser sur leur cœur de métier et sur l'innovation, le développement de la qualité de leurs produits et donc sur leurs axes de différenciations à l'export. En résumé, pour briser l'effet ciseau inflation / déflation, il n'y a qu'une seule solution. Réduire les coûts et augmenter le pouvoir de marché et donc les marges de production.

La sécurisation des approvisionnements

La France est certainement bénie par les cieux. Elle dispose d'un emplacement rêvé au cœur de l'Europe, bénéficie d'un climat tempéré propice aux cultures et à la vie douce qu'elle affectionne. Son littoral côtier est le plus important d'Europe avec 1 950 kilomètres de côtes sableuses, idéales pour le farniente et la pêche à pieds et 2 270 kilomètres de côtes rocheuses. La richesse de ses sols lui permet d'être le principal exportateur de produits agroalimentaires et d'élever les vins les plus prestigieux au monde. Mais mis à part du soleil, du sable, des montagnes et des sols fertiles, la France manque de tout, ou presque. Le *presque* étant quelques mines d'or en Guyane et de nickel, d'uranium ou de cobalt en Nouvelle-Calédonie. Par conséquent, pour subvenir à ses besoins énergétiques et aux besoins de son industrie, elle doit tout importer. Nous consommons 6% du gaz mondial, près de 13 kg d'aluminium par habitant et par an, 8 kg de cuivre, 5 kg de zinc. Ces besoins sont considérables et force est de constater que l'essentiel des producteurs de ces produits de base sont situés hors d'Europe – Afrique, Moyen-Orient, Amérique du Sud, Australie, Asie. La Russie est, avec l'Algérie et la Norvège, le principal fournisseur de gaz de la France. Le Chili (34%), le Pérou (8%) et les Etats-Unis (7%) sont les principaux exportateurs de cuivre dont notre industrie a besoin. Ainsi de suite...

Or, alors que la plupart des grandes puissances (Chine, Etats-Unis, Russie, Brésil, Inde) ont largement axé leur diplomatie sur la sécurisation de leurs approvisionnements stratégiques[49], nous devons faire le constat que la France et l'Europe sont très en retard

---

[49] Et depuis longtemps, comme en témoignent les accords du Quincy entre les Etats-Unis et la famille Saoud d'Arabie-Saoudite en février 1945...

en la matière. Plus grave, jusqu'à une date fort récente, le sujet était l'objet d'un désintérêt flagrant. Certes, la France dispose de relations bilatérales riches en Afrique francophone, fruit de l'histoire coloniale et de l'implantation de plusieurs grandes entreprises nationales dans des pays clés comme le Gabon, la Côte d'Ivoire ou encore le Sénégal. Mais naturellement rien de tel avec l'approche systématique chinoise que nous avons évoquée dans le chapitre précédent. Pourtant, le bon sens pousse à réaliser que les ressources naturelles sont, par définition, rares et convoitées et sont et seront, de façon croissante, le fruit d'une compétition débridée entre les grands pays. Comment peut-on combler notre retard et renforcer notre indépendance économique en la matière ?

Dans l'indifférence générale des médias et sans que le sujet ne soit abordé d'une quelconque façon durant l'élection présidentielle de 2012, plusieurs décisions critiques ont été recommandées dans un récent rapport du Sénat (11 juin 2011). De leur réalisation dépendront sans aucun doute une partie de notre avenir économique, de notre souveraineté et de notre capacité à relancer notre machine industrielle, et donc le moteur de notre prospérité – rien de moins !

La première recommandation semble triviale, mais elle est pourtant loin d'être superflue. Nous ne disposons pas d'un *mapping* précis de nos besoins stratégiques en matière de minerais et de ressources naturelles. Ni au niveau de l'Etat, ni, et c'est bien plus préoccupant, au niveau des industries qui les utilisent... Or, et sans tomber dans un inventaire à la Prévert, l'indium est indispensable pour construire des écrans LCD, le gallium pour fabriquer les ampoules LED que la réglementation impose désormais et les radars civils et militaires (utilisant de l'arséniure de gallium), le néodyme dont 600 kg sont nécessaires pour chaque éolienne, le germanium dans les émetteurs Wi-Fi qui équipent chaque foyer ou presque, le sélénium dans les cellules photovoltaïques dont notre filière verte rêve à voix haute, le tantale et le rhénium encore dans les alliages métalliques que notre sidérurgie produit. Que dire encore du titane qui est devenu un élément fondamental dans l'industrie aéronautique et dans la défense ? Tous ces éléments ont en commun d'être indispensables à notre industrie et d'être uniquement disponibles auprès d'un très petit nombre de producteurs dont la bonhommie et le goût de nous plaire ne sont pas nécessairement les principales qualités... 5 pays représentent 86% de la production mondiale de titane par exemple, et la Chine représente à elle-seule 92% de la production actuelle de « terres rares » et sans doute 50% des réserves mondiales[50].

Le *mapping* réalisé, la deuxième étape consiste naturellement à sécuriser nos approvisionnements extra-européens. En la matière, aucune naïveté ni aucun amateurisme ne doivent être de mise, soit tout le contraire de ce qui s'est fait jusqu'à présent. Ainsi, pour une raison indéterminée et alors que la construction européenne est l'élément le plus structurant des 50 dernières années, aucune démarche crédible n'a été entreprise pour peser dans les négociations d'approvisionnement ou bénéficier de rendements d'échelle au niveau communautaire. Les 27 pays ont avancé leurs pions de façon désordonnée. Cette incohérence est notamment flagrante en matière de politique énergétique. Alors que la Commission européenne a rédigé au cours des 10 dernières années un projet de directive par an, en moyenne, visant à libéraliser et à uniformiser le marché de production électrique[51], il n'a jamais été question d'une amorce de politique communautaire en matière d'approvisionnement énergétique. Quel raisonnement curieux, ainsi, de produire des règlements tatillons sur la tarification de l'électricité ou l'implantation des lignes à haute-tension, sans se soucier des importations de gaz ou de pétrole dont les centrales thermiques ont besoin. Et pourtant, avec 90% de son gaz importé à l'horizon 2020, contre 80% aujourd'hui, il est difficile de ne pas reconnaître qu'il s'agit d'un enjeu critique et de souveraineté. D'autant plus alors que les centrales à gaz et de cogénération sont celles qui connaissent l'essor le plus important. L'Europe dispose d'une taille critique et son poids dans l'économie mondiale et dans les importations de ressources naturelles est considérable. Nous sommes en tête ou en deuxième position dans les classements des consommateurs mondiaux dans presque tous les domaines, devant ou juste derrière la Chine, dont l'appétit est inextinguible. Il apparaît donc envisageable de peser auprès des pays producteurs et de renforcer les relations commerciales et les contrats d'approvisionnement de long terme, sans attendre que d'autres pays, Chine en tête, nous aient totalement devancé...

---

[50] Et qui n'a pas hésité à réduire massivement la production de néodyme en 2010, pour faire pression sur le marché, entraînant une multiplication par 7 des prix en moins d'un an...

[51] Ce qui n'a pas empêché la facture électrique de bondir de 30% depuis 2005 en Europe, à l'exception de la France...

La troisième étape, toute aussi indispensable, consiste à renforcer nos capacités de transformations et à créer, d'urgence, des filières industrielles dans les secteurs critiques où nous ne sommes mystérieusement pas présents. Comment comprendre que la présence de la France soit symbolique dans la production ou la transformation de matériaux aussi sensibles, pour notre industrie textile, automobile, aéronautique ou de défense, que le titane ou les fibres de carbone ? Jusqu'à la construction en 2010 d'une unité de production d'éponge de titane au Kazakhstan par l'entreprise d'Aubert et Duval, en partenariat avec l'acteur local UKTM, la France ne disposait d'aucune position sur le marché de ce métal, dont pourtant 77 tonnes sont nécessaires pour fabriquer un seul A 380...

Enfin, l'Europe et la France en particulier bénéficieraient d'une approche moins dogmatique en matière d'exploitation des ressources minières. Au cours des 30 dernières années, nous avons fermé la quasi-totalité de nos mines de fer et de charbon dans les départements de Meurthe et Moselle, de la Meuse ou encore de la Moselle. L'une des dernières fut la mine de Montrouge, à Audun-le-Tiche, fermée en 1997 et où 140 mineurs furent les derniers à perpétuer une tradition bicentenaire. Des impératifs économiques et environnementaux expliquaient ces fermetures, certainement. Mais il fallait aussi y voir des décisions politiques claires, visant à externaliser les productions à des pays tiers, moins disant en termes sociaux et environnementaux, alors que les ressources semblaient inépuisables. Le paradigme a changé et nous avons pris conscience des limites économiques et stratégiques de ces décisions. Notre balance énergétique pèse près de 80 milliards et contribue d'autant au déficit de la balance commerciale de la France qui s'est élevé à 69,6 milliards d'euros en 2011... Et stratégiquement, il suffit d'étudier l'impact de la décision russe de fermer le robinet du gaz, en 2005 et encore en 2009 avec l'Ukraine ou en 2006 avec la Biélorussie, pour mesurer l'ampleur de notre vulnérabilité.

Qu'adviendrait-il si, à l'occasion d'un conflit diplomatique avec les Russes, ces derniers décidaient de bloquer les approvisionnements de gaz en Europe ? Plus de 15% de notre gaz provenait en 2011 de Russie et il est inutile de préciser que nous ne disposons pas d'alternatives mobilisables à brève échéance, y compris au Moyen-Orient où les infrastructures Qatari sont en pleine construction. A l'exception notable du gaz de schiste ou du pétrole *offshore* en

Guyane, dont la prospection donne des boutons d'urticaire à quelques-uns…

2.3. La fin d'une époque et le début d'une ère nouvelle

En 1990, Joseph Nye, professeur et doyen de la prestigieuse université de Harvard, développait dans un ouvrage resté célèbre[52] la notion de *Soft power*. En réponse aux oiseaux de mauvais augure qui théorisaient le déclin des Etats-Unis, dans le sillage du Reaganisme pour les uns, de la chute du mur de Berlin pour les autres, Nye prenait le contre-pied en redéfinissant le concept de puissance. Pour sûr, les Etats-Unis restaient la principale puissance économique et militaire du monde. Mais au-delà de ces réalités, qui perdurent d'ailleurs encore, Nye décrivait de façon précise les nouveaux moyens d'influence américains : le rayonnement scientifique de la patrie qui compte le plus grand nombre de prix Nobel au monde et le plus grand nombre d'universités en tête des classements internationaux ; la culture populaire, de Hollywood aux écrivains de best-sellers mondiaux, de Facebook à la musique country ; l'image du pays de la liberté ; la force des symboles et des marques américaines, dont 7 étaient parmi les 10 plus connues au monde en 2009 (Coca Cola en tête, IBM, Microsoft, General Electric, Intel, Mc Donald, Disney et Google) ; une capacité d'innovation inégalée.

Pour Nye, la puissance d'un Etat est en effet l'association étroite de ressources tangibles (sa puissance économique et sa force militaire) et intangibles (l'image, la réputation, le rayonnement de ses idées). Selon tous ces critères, le 18ème siècle fut français, le 19ème anglais, le 20ème américain et le 21ème s'annonce chinois. Des attributs de puissance selon Joseph Nye, la Chine en possède déjà deux sur trois. Elle caracole en tête des classements économiques – seconde économie du monde en terme de PIB, première puissance industrielle, premier exportateur mondial, et désormais premier prêteur aux pays émergents, devant même la Banque Mondiale. Elle dispose de fortes ressources intangibles : sa diaspora[53] très présente de l'Asie du Sud-est jusqu'à la côte Ouest des Etats-Unis,

---

[52] *Bound to Lead : the Changing Nature of American Power*, Joseph Nye, Basic Books, 1990.

[53] Une diaspora d'environ 50 millions de personnes, dont 700 000 en France, partageant toutes le fort sentiment d'appartenance à la dynastie chinoise et à l'ethnie Han majoritaire.

des entreprises en voie d'internationalisation, des fonds souverains très actifs, tel le *China Investment Corp*, riche de la modique somme de 410 milliards de dollars à investir ça ou là, ou encore le souvenir du système impérial tributaire de l'Empire du Milieu (*tributary system*). Sa seule faiblesse réside, encore, dans un dispositif militaire bien modeste par rapport à celui de la seule superpuissance encore en activité. Mais même là, la Chine dispose de fortes ambitions et des moyens de ses ambitions, avec 80,5 milliards d'euros dépensés pour son armée en 2011, contre 48 milliards pour la France. Grâce à une approche très pragmatique, elle développe, étape par étape, une puissance maritime océanique pour projeter sa puissance tout en focalisant l'essentiel de ses efforts sur des capacités d'interdiction en mer de Chine.

Les signes d'essoufflement de l'ordre économique né de l'après-guerre

Depuis 2008, l'ordre ancien né des accords de Bretton Wood et de la réorganisation économique du monde autour des Etats-Unis a disparu. Le premier acte s'était déroulé en 1971, lorsque le président Nixon avait du abdiquer le système monétaire de l'étalon or, qui sanctionnait la suprématie du dollar depuis 1944. Par un simple communiqué, les Etats-Unis avouaient au monde entier incrédule qu'ils ne pouvaient plus assumer leur rôle monétaire. Mais ce furent dans les décombres de la banque Lehman Brothers, de l'assureur AIG et des associations Freddie Mac et Fannie Mae[54], nationalisées en catastrophe en 2008, que les symboles triomphants des Etats-Unis se sont envolés. Le modèle américain fondé sur la désintermédiation financière, le recours systématique au crédit et à l'endettement, la consommation insouciante, le mépris pour les grands équilibres (déficit budgétaire financé par la Réserve Fédérale et les banques centrales étrangères, via leurs réserves de change, et le déséquilibre structurel de la balance extérieure depuis les années 60) n'a eu qu'un temps : celui de la domination sans partage de la superpuissance américaine. Déjà, l'émergence de l'Union européenne laissait envisager un contre-pouvoir, fort économiquement mais trop désuni politiquement pour peser à égalité néanmoins.

---

[54] Agences fédérales chargées de garantir les prêts hypothécaires des Américains.

Que reste-t-il de l'organisation économique mondiale née de l'après-guerre ? La part du dollar dans les réserves de change, autrefois ultra-majoritaire grâce aux fameux accords de Bretton Wood, décroit chaque année. De 73% en 2002, elle atteint à peine 61% au 31 mars 2011. Qu'en sera-t-il lorsque le Renminbi deviendra totalement convertible ? Les grandes institutions internationales nées de la conférence de Bretton Woods sont méconnaissables. La Banque Mondiale tout d'abord, chargée de lutter contre la pauvreté et de financer le développement des pays les moins avancés voit sa légitimité défiée par des prêteurs bilatéraux, riches de leur manne commerciale (Chine) ou pétrolière (Arabie Saoudite, Qatar) et soucieux de gagner les cœurs, en sus des esprits et des ressources naturelles de leurs débiteurs. Depuis 2009, les deux principales banques de développement chinoises (Banque Chinoise de Développement et Banque Chinoise d'Import-Export) ont apporté plus de 110 milliards de dollars aux pays en voie de développement. Plus qu'aucun autre pays naturellement mais également plus que la Banque Mondiale... Le Fonds Monétaire International enfin, dont la mission historique était de promouvoir la stabilité monétaire internationale, et qui doit aujourd'hui ouvrir grandes les vannes du crédit pour permettre à des pays comme la Grèce de rester à flot. Par une ironie de l'histoire, ce sont les pays émergents qui viennent en aide à l'Europe au travers du FMI désormais.

Que reste-t-il de l'affrontement idéologique bipolaire entre les deux blocs capitalistes et communistes ? 1989 devait sonner la fin de l'Histoire, telle que Hegel l'avait prévue et telle que Francis Fukuyama[55] l'avait réactualisée. Après l'effondrement de l'Union Soviétique, il ne devait plus rester d'entraves à la démocratie et au libéralisme, qui deviendraient inéluctablement les règles de vie communes de l'humanité toute entière. Force est de constater là encore que l'écrivain américain est allé un peu trop vite en besogne, lorsqu'on observe des pays comme la Chine, à nouveau, ou encore la Russie, le Brésil, l'Argentine ou les pays arabes. Démocratie et libéralisme sont, sous leur forme occidentale, plutôt en panne...

Que reste-t-il de l'organisation commerciale du monde, en club fermé autour des pays membres de la fameuse Triade[56] (Amérique du

---

[55] Economiste et philosophe américain, professeur à l'université John-Hopkins et auteur de *la Fin de l'Histoire et le dernier homme*, 1992.

Nord, Europe de l'Ouest, Japon) ? En 1985, ces pays représentaient 80% de la production mondiale, 90% des opérations financières et 80% du commerce mondial. En 2012, le barycentre économique du monde s'est déplacé vers l'Orient et l'acronyme à la mode est désormais BRICS, pour Brésil, Russie, Inde, Chine et Afrique du Sud (*South Africa* en anglais). Ces 5 pays, forts de 40% de la population de la planète, représentaient 30% du PIB mondial en 2011 et plus d'un quart des échanges internationaux (même si seule la Chine commerçait activement avec les 4 autres pays, représentant environ 12% de leurs échanges extérieurs – Chine mise à part, les échanges commerciaux entre ces quatre pays s'élevaient à 3% du total de leurs échanges extérieurs). En 2000, les pays occidentaux (Etats-Unis, Japon et Europe) disposaient encore de 65% des réserves de change et les pays en voie de développement (les BRICS en gros plus les pays arabes) 35%. Dix ans après tout rond, à l'été 2010, les rapports se sont simplement inversés, avec 65% pour les pays émergents et 35% seulement pour les pays occidentaux ! En 2010 encore, la capitalisation boursière des BRICS dépassait les 12 000 milliards de dollars (bourses de Sao Paulo, Shenzhen, Shanghai, Bombay, Johannesburg et Moscou), sans compter la bourse de Hong Kong (2 700 milliards de dollars de plus), contre 11 800 milliards de dollars pour la somme des places japonaises, allemandes, françaises et britanniques et 13 000 milliards de dollars pour le New York Stock Exchange américain.

Un nouveau monde multipolaire

La fin du 20ème siècle fut le temps de la *Pax Americana*, ou de l'hégémonie américaine. Qu'en sera-t-il au 21ème siècle ? En 2012, nous assistons à l'ascension irrésistible de la Chine, qui sera suivie sans guère de doutes par l'Inde, le Brésil ou encore l'Afrique du Sud. Chaque grande zone géographique disposera de son champion, dont l'influence sera à la fois démographique, économique, commerciale, financière et certainement culturelle. Dans ce cadre, il semble certainement improbable que les Etats-Unis perdent leur statut de puissance planétaire mais leur rôle sera plus complexe, et surtout plus disputé par les grands pôles locaux. Nous le voyons

---

[56] Le terme triade a été introduit par l'économiste japonais Kenichi Ohmae, consultant au cabinet McKinsey & Company dans son livre *Triade Power : The Coming Shape of Global Competition*, 1985.

déjà en Europe où l'ébauche – lente – d'union politique rend nos pays autonomes de la puissance atlantique. Nous le voyons également en Asie du Sud-Est où les instances sous domination américaine sont de plus en plus controversées et de moins en moins efficaces. L'effort diplomatique chinois commence en effet à porter ses fruits, en favorisant des enceintes où les asiatiques sont entre eux ou des forums bilatéraux, tels le Forum de Coopération Chine-Afrique ou l'organisation de coopération de Shanghai, qui regroupe la Chine, la Russie, les principales républiques d'Asie Centrale, ainsi que l'Inde, le Pakistan ou encore l'Iran comme observateurs...

Dans ce nouveau monde multipolaire, les relations internationales procéderont, comme depuis des milliers d'années, d'un ensemble de rapports de force, d'intérêts croisés et de tentations hégémoniques bien naturelles. Et il est inutile de préciser que celles et ceux qui disposent soit des ressources naturelles, soit des ressources financières, seront considérablement avantagés dans la compétition...

Nous avons parlé des ressources naturelles précédemment – intéressons-nous désormais au sujet sensible des ressources financières. Dans le subconscient européen, les pays développés continuent à disposer d'une avance et d'assurer une forme de domination financière. Hélas, ce n'est plus le cas. Si les banques les plus célèbres restent européennes (BNP Paribas, Deutsche Bank, Barclays, HSBC, Santander) ou américaines (Goldman Sachs, JP Morgan, Citigroup, Bank of America, Morgan Stanley), la Chine en place 4 dans les 20 premières en taille de bilan (ICBC, China Construction Bank, Agricultural Bank of China et Bank of China), mais 4 dans les 6 premières en terme de capitalisation boursière[57] en 2011... Cela peut sembler subalterne, mais lorsque les Chinois – ou les Indiens, les Russes, les Brésiliens – décideront de partir à la conquête des marchés extérieurs, pourrons-nous lutter devant leur puissance de feu et leurs épais carnets de chèques...

Les pays émergents disposent de ressources financières immédiatement mobilisables considérables. Leurs banques sont de taille significative et sont très bien capitalisées grâce à des bases de dépôts gigantesques et des clients dociles. Elles sont également

---

[57] La capitalisation boursière d'Industrial & Commercial Bank of China étant le quintuple de celle de BNP Paribas par exemple en 2012...

fragiles, parfois, à cause des créances particulièrement douteuses qu'elles ont accumulées au fil des ans et certaines n'échapperont pas à quelques séances d'assainissement de leur bilan. Mais avant même l'arrivée prochaine de leurs banques sur les marchés européens, les pays émergents mobilisent les ressources massives de leurs fameux fonds souverains. Si les chiffres précis manquent car ces fonds sont particulièrement opaques, des analystes de Deutsche Bank estiment qu'ils gèrent un peu plus de 5 000 milliards de dollars en 2012. Nouvelle venue dans la liste, la France apparaît en queue de peloton avec moins de 20 milliards d'euros pour le fonds créé par Nicolas Sarkozy en 2008 (personne n'avait cru bon d'en créer un en France auparavant). Plus substantiellement, nous trouvons, en tête des palmarès, le Abu Dhabi Investment Authority, riche de 630 milliards de dollars, suivi du Government Pension Fund norvégien avec 443 milliards, puis le fonds SAMA d'Arabie Saoudite avec 415 milliards de dollars. La Chine place 4 fonds parmi les 10 premiers mondiaux, avec un total de près de 1 000 milliards de dollars gérés, en sus des 3 045 milliards de dollars de réserves de change de la Banque Centrale de Chine (chiffres de mars 2011)... Tous ces fonds ont entrepris des emplettes en Amérique Latine, en Afrique, en Asie du Sud-Est, mais aussi de façon croissante aux Etats-Unis et en Europe. Ainsi le fonds souverain chinois CIC possède 9% de Thames Water, une participation dans GDF Suez, dans Morgan Stanley, dans la société de trading de matières premières Noble Group, dans le fonds américain Blackstone. Le fonds chinois SAFE est depuis 2007 le deuxième actionnaire de Total... Alors que la France refuse obstinément l'introduction de fonds de pension nationaux, par pure idéologie, nous assistons, ébahis, aux prises de participation étrangères dans nos joyaux industriels et financiers... Déjà 40% du CAC 40 est entre des mains étrangères et la tendance n'est pas prête de s'inverser.

Les vastes ressources économiques des pays émergents, ciblées notamment sur l'Europe, sont les vecteurs d'une nouvelle forme de colonialisation inversée, à l'issue de laquelle nous perdrons petit à petit notre autonomie et notre souveraineté économique. On ne peut pas faire grief aux pays émergents de choisir, pour une fois, de gérer de façon avisée leur nouvelle fortune, et de ne pas tout gaspiller en dépenses de prestige. Ils ne sont pas fautifs de s'intéresser à nos pépites. Nous le sommes à ne pas réussir à les protéger et à ne pas mobiliser l'épargne nationale vers le maintien de notre souveraineté économique et financière. Mais c'est quelque peu compréhensible.

Depuis 38 ans, notre pays affiche un budget en déficit et il a bien fallu attirer l'épargne populaire vers le financement de la dette publique, via la création de produits financiers attractifs et d'avantages fiscaux qui expliquent notamment les encours considérables des français en assurance vie...

3. Comment redresser la France ?

Pour une raison indéterminée, parler de compétitivité en France est tabou. Cela fait parti des mots interdits, qui suscitent les haines et les commentaires hargneux sitôt qu'ils dépassent les lèvres des malheureux impudents qui osent braver l'interdit. Aussitôt assimilé à la notion de coût du travail (c'est vrai qu'il y a un lien mais s'il n'y avait que çà) et donc à son corollaire de modération salariale, et donc d'austérité bien sûr, il devient un terme banni. Les syndicats entendent compétition, mot lui aussi proscrit. Après tout, ne défendent-ils pas avec une certaine cohérence l'absence de notation à l'école, comme si le monde était peuplé de Bisounours qui n'aspirent qu'au bonheur gratuit de leurs semblables, en communion autour des idéaux communistes. Hélas, trois fois hélas, le monde n'est pas ainsi. Et c'est très simple à comprendre. Il y a environ 7 milliards d'êtres humains sur Terre. Un peu moins d'un milliard vivent dans les pays dits industrialisés (Amérique du Nord, Europe, Japon, Australie). Ces pays, n'ayons pas peur de le dire, ont vécu une forme de rente au cours des 40 ans qui ont suivi la Seconde Guerre Mondiale. Ils disposaient d'un niveau de vie sans équivalent dans le monde et d'une technologie avancée qui leur assurait une domination sans partage.

Bien sûr, depuis les années 80, comme nous avons pu le voir, les choses ont légèrement changé, avec l'émergence des Dragons asiatiques d'abord (Corée du Sud, Hong Kong, Singapour, Taiwan notamment) qui ont brisé le paradigme en démontrant que la supériorité technologique et industrielle de nos vieux pays était contestable. Puis ce fut l'émergence simultanée – mais pour des raisons bien différentes – de la Chine et des pays du Moyen-Orient exportateurs de pétrole. La première brisait deux dogmes à la fois, à savoir que le développement économique pouvait être planifié et n'était pas consubstantiel à une organisation politique démocratique (nouvelle pierre dans le jardin de nos pays, comme on l'a vu). Les seconds jouaient plutôt profil bas, au moins officiellement, car ils se savaient vulnérables militairement et enviés (après tout, trouver du pétrole dans son jardin est bel et beau mais cela peut susciter la convoitise des voisins qui n'ont pas de pétrole mais beaucoup d'armes)... Mais ils montraient à qui voulait bien prendre la peine de l'analyser, que les ressources énergétiques et leur domination seraient l'une des clés du 21ème siècle. Sans énergie, rien n'est possible. Et naturellement, est-il utile de le préciser, les pays du Moyen-Orient pourraient montrer que des pays musulmans pouvaient faire jeu égal avec les vieilles démocraties d'inspiration judéo-chrétienne.

Ce changement, nous ne l'avons pas vu en France, par arrogance, en refusant notre propre révolution copernicienne alors qu'il était encore temps : le monde ne tournait pas autour de l'Occident et l'Occident ne tournait plus autour de la France... Mais le changement ne s'est pas arrêté là et 4 milliards d'individus ont sauté, dès les années 90, sur les nouveaux flux du commerce international que la chute de l'Union Soviétique avait définitivement encouragés. Sans contre-pouvoir à l'idéologie libre-échangiste dominante qui avait assuré la supériorité totale de l'Occident sur l'URSS, le monde dit industrialisé a cru pousser son avantage via les accords de l'OMC successifs qui devaient viser à ouvrir le commerce mondial à nos entreprises, qui arriveraient en terrain conquis.

Cela semble loin mais il faut se souvenir que les fameux « rounds de négociation » à la fin des années 90 et au début des années 2000 (*Uruguay round* notamment puis les accords de Doha) étaient très fraichement accueillis par les pays en voie de développement, qui voyaient surtout dans les propositions d'ouverture des frontières commerciales un nouveau moyen de colonisation de leurs économies balbutiantes par les puissances dominantes et leurs bras armés industriels. Il faut également se souvenir que les premiers dragons asiatiques, avec en tête le Japon, avaient pris soin de protéger leur marché domestique pour assurer leur développement, à l'après-guerre, en mettant en application avec soin la fameuse théorie du développement en « vol d'oie sauvage »[58] théorisée par l'économiste japonais Akamatsu. Cela ferait presque sourire aujourd'hui, 10 ans plus tard. Les pays occidentaux ont naturellement accompli leur péché d'orgueil, en ne mesurant pas que

---

[58] La théorie d'Akamatsu prévoit le développement séquentiel des économies, via des sauts technologiques et des montées en gamme séquentielles des industries en s'appuyant au début sur de très fortes mesures protectionnistes et un développement industriel très centralisé.

l'ouverture des frontières, la libéralisation des flux commerciaux et de capitaux et la banalisation des technologies ne pouvaient que servir les émergents, qui après avoir craint l'ouverture, l'ont embrassée en mesurant tout le bénéfice qu'ils pourraient en tirer.

Fallait-il être naïf pour croire que ces pays, qui jouaient dans le commerce mondial leur émancipation de la misère la plus effrayante, allaient faire preuve de *fair play* et respecter les termes de l'échange, comme on dit en économie. Ils ne le pouvaient pas et ne le voulaient pas. Des pays comme la Chine[59], l'Inde, le Brésil, l'Afrique du Sud, l'Indonésie ont poussé leur avantage, en s'insérant sans grande contrepartie dans les échanges internationaux. Leurs marchés étaient protégés ; leur croissance largement planifiée (avec les limites et les erreurs classiques des organisations planifiées d'en haut, mais aussi avec les succès) ; leur coût du travail symbolique et leur main d'œuvre disciplinée ; et d'une certaine façon, ils ont joué à plein le cynisme et la cupidité des Occidentaux, leur faisant miroiter des marchés intérieurs de centaines de millions de consommateurs, pour mieux attirer leurs technologies, leurs usines et leurs capitaux. Par cupidité en effet, nous avons apporté sur un plateau à ces grands pays émergents tout ce dont ils ne bénéficiaient pas : le capital qu'il nous a fallu deux siècles de révolution industrielle pour accumuler ; les technologies que des décennies de recherche et développement nous ont permis d'atteindre. Tout cela sans réelle contrepartie et surtout sans que l'on ne mesure l'importance de disposer toujours de plusieurs crans d'avance sur ce que l'on cédait (ce que les Etats-Unis ont bien compris, eux, en misant sur la frontière technologique comme aucun autre pays au monde). Mais ces années durant, nous nous félicitons des grands contrats industriels, qui passaient tous par des volets de transferts de technologie.

Péché d'orgueil et de vanité. Il n'a pas fallu deux décennies à ces pays pour s'imposer et nous inonder des biens de consommation courante qu'ils pouvaient désormais produire avec de tels avantages de coût qu'il devenait vain de lutter. Mais leur habileté est allée plus loin. Si les premiers téléviseurs, jouets ou petit électroménager

---

[59] Comme nous l'avons vu au chapitre précédent, le cas chinois mérite d'être nuancé car depuis son entrée dans l'OMC en 2001, la libéralisation a été extrêmement forte et rapide, même si incomplète et parfois biaisée par des mesures protectionnistes déguisées.

provenaient d'usines occidentales délocalisées pour des raisons de coût du travail évidentes, peut-on réaliser aujourd'hui que les grands pays asiatiques, Chine en tête, commencent à produire chinois avec des entreprises chinoises... Tout cela en moins de 20 ans.

Encadré 4 : la Chine, une gigantesque usine d'assemblage

La Chine s'est faite une spécialité depuis plusieurs années d'assembler des biens industriels à partir de pièces détachées. En effet, la plupart des biens produits en Chine ne sont pas intégralement fabriqués dans ce pays, mais au contraire assemblés à partir de parties produites dans d'autres pays, y compris en Occident. Cela se voit lorsqu'on analyse le contenu en importation des exportations chinoises, c'est à dire la valeur ajoutée réelle de la Chine dans ses exportations de biens de consommation. On trouve régulièrement des chiffres de 50 à 90%, suivant les secteurs. C'est à dire que 50 à 90% de la valeur ajoutée des biens exportés de Chine provient en fait d'autres pays et de biens importés en Chine. Tout cela est résumé dans les deux phrases gravées au laser au dos des fameux iPhone d'Apple : *designed by Apple in California, assembled in China.*

Cette réalité est fondamentale, car elle illustre toute la complexité de la mondialisation et la vacuité des réponses simplistes. La mondialisation n'a pas seulement entraîné des délocalisations industrielles. Elle a surtout poussé à l'éclatement des chaînes de valeur industrielles, avec une séparation plus prononcée entre le design, la fabrication ou le *sourcing* des pièces détachées et l'intégration ou l'assemblage final. C'est une réalité qu'il est quasi-impossible de changer et dont on peut parfaitement s'accommoder en Occident. Mais c'est une réalité qu'il convient de reconnaître et qui rend quelque peu illusoire ou complexe l'idée du *Made in France*. Le point n'est pas tant de savoir si le bien acheté a été fabriqué au sens propre en France, mais de quelles parties de la valeur ajoutée et de la technologie ont été conservées en France ! *In fine*, nos salaires et notre protection sociale sont financés au travers de cette valeur ajoutée, et pas de slogans ou d'étiquettes.

Alors bien sûr, le mal est fait. Contrairement aux incantations, nous ne relocaliserons plus en France et en Europe des pans entiers de nos industries comme le jouet, le petit électroménager ou le textile bas de gamme. Et contrairement aux élucubrations, nous avons nous-mêmes creusé le trou dans lequel nous sommes tombés. Arrogance dans la conviction crédule que notre modèle de développement économique fondé sur le libre-échange pouvait assurer notre domination sur les pays émergents ; arrogance et crédulité encore à penser que ces mêmes pays émergents joueraient le jeu de la réciprocité dans l'ouverture des frontières et des marchés ; arrogance et crédulité dans notre refus simultané d'adapter la structure de nos économies pour les rendre plus productives et compétitives, et au moins à même de financer leurs systèmes de protection sociale.

Voyant à la télévision les pauvres hères s'animer en haillons dans les usines chinoises, nous avons cru que désormais de nouveaux esclaves sous-payés pourraient remplacer chez nous les tâches ouvrières et industrielles pénibles et nous permettre de vivre dans l'oisiveté lâche de nos loisirs et la jouissance du temps libéré. Ce furent les 35 heures – permettre aux travailleurs de profiter de leur temps libre. Pourquoi s'en priver après tout ? Notre pouvoir d'achat augmentait facialement avec l'effondrement des prix des biens de consommation courante, produits à vil prix par des travailleurs asiatiques payés – on le croyait dur comme fer – avec un bol de riz[60]. On imaginait recycler les travailleurs des usines qui devaient fermer en animateur du temps libre, du vivre ensemble, de la culture... Nulle caricature dans ces propos, il suffit de retrouver les minutes des débats parlementaires de la réforme des 35 heures en 1997 et 2001 et encore plus tôt les traces du fameux Ministère du temps libre en 1981 – il fallait oser... Ce furent aussi l'objet des fameux emploi jeunes, payés par le contribuable non pas pour produire des biens et des richesses pour mais pour passer le temps et trahir les statistiques du chômage, enrobés naturellement de bonnes intentions qu'on ne peut contester, à savoir ouvrir le marché de l'emploi à des jeunes qui en étaient éloignés en leur offrant, c'est le cas de le dire, une première expérience. On n'avait pas vraiment pensé que les mêmes sommes investies en formation de ces jeunes pouvaient être plus opportunes et plus rentables, in fine.

---

[60] Notons que le premier à avoir utilisé cette expression fut Mao lui-même.

Mais cela ne pouvait pas marcher et cela n'a pas marché bien sûr. Nos emplois jeunes n'ont pas réanimés les bassins industriels dévastés et abandonnés. Les loisirs n'ont pas supplanté par opération du Saint-Esprit la création nécessaire de richesses. Et les jeunes ainsi aiguillés vers des emplois culturels ou du mieux vivre ensemble ne se sont pas insérés comme par miracle vers les métiers qualifiés de la production marchande. Nous avons fait le choix de l'illusion, contre celui de la recherche de compétitivité. Nous avons fait le choix de croire qu'il suffisait de compenser la désindustrialisation et la perte de parts de marché par des transferts sociaux. On produisait moins de biens et de richesses, que l'on se contentait d'importer de pays avides de croissance. Qu'importe ! On se contentait de toiser ces mêmes pays avec notre regard de supériorité et de soigner le chômage induit par un traitement social dont nous seul avons le secret : des allocations et de fausses occupations, payés par les transferts sociaux assis sur le peu de travail productif et marchand qui restait encore en France.

C'est ainsi que nous avons laissé partir la sidérurgie dans les années 80, le textile dans les années 90, puis le jouet, l'électroménager, en poussant des soupirs de soulagement et en signant des chèques en bois pour les préretraites. Ces métiers pénibles seraient désormais occupés par des Coréens, des Chinois, des Marocains, des Turcs qui pourraient, qui plus est, produire pour moins cher et nous permettre d'avoir plus de biens pour le même prix. Et nous avons tenté non pas de recycler les malheureux anciens travailleurs de ces industries vers des secteurs d'avenir (lesquels ?), mais de les noyer sous des prestations sociales pour les faire sortir des chiffres du chômage. Tout cela payé par des cotisations sociales assises sur le travail qui restait et les industries que l'on croyait invulnérables bien sûr (ainsi que par la dette, nous l'avons vu) : l'automobile, l'aéronautique, l'agro-alimentaire, l'informatique. Le coût du travail dans ce qui restait de notre industrie a augmenté inexorablement[61] mais qu'importe. Notre péché d'orgueil continuait. Nous pensions notre supériorité acquise dans ces secteurs d'excellence de la France et ces secteurs que l'on croyait non délocalisables. Jusqu'à ce qu'ils soient eux-aussi frappés de plein fouet par la chute de notre

---

[61] +39% en moyenne entre 2000 et 2011, contre +19% en Allemagne sur la même période.

compétitivité et par les délocalisations, comme Peugeot nous l'a encore tragiquement illustré à l'été 2012.

Qui n'avait pas vu que les Coréens fabriquaient des voitures aussi bien que nous, mais pour moins cher. Que Lenovo, marque chinoise inconnue, ait acheté la branche construction d'ordinateurs d'IBM (excusez du peu) ne nous importait pas. Nous étions tellement sûrs de notre avance. Le réveil fut douloureux. Sous nos yeux embués par la torpeur induite par des décennies de discours publics soporifiques, les Chinois testent des avions de combat de 5ème génération (donc d'une génération plus avancée que le Rafale, avion pourtant exceptionnel) ; les Coréens remportent au nez et à la barbe d'Areva et d'EDF le marché mirifique des centrales nucléaires aux Emirats Arabes Unis ; nos constructeurs automobiles sont frappés de plein fouet par la compétition en provenance du Japon et d'Europe du Sud car contrairement aux Allemands, ils n'ont pas su monter en gamme et se voient fabriquer des véhicules de milieu de gamme où la compétitivité-prix est essentielle (ce qui est bien ennuyeux lorsque le coût du travail est de 15% supérieur à celui de nos principaux voisins européens, Allemagne exceptée – résultat, nous sommes devenus importateurs nets de voitures en 2008 et notre balance commerciale automobile était déficitaire en 2011 de 5 milliards d'euros contre un excédent de 12 milliards d'euros en 2002) ; les Chinois taillent des croupières à Alcatel dans les serveurs informatiques et les télécommunications, avec leurs nouveaux fleurons tels qu'Haier, Huawei ou TCL qui luttent désormais à armes technologiques égales avec nos propres entreprises que nous croyions invulnérables. Les Chinois, toujours, produisent 90% des cellules photovoltaïques nécessaires pour les panneaux solaires, et une grosse moitié des éoliennes, alors que nous ne cessons de nous extasier devant la supériorité de notre filière verte (où est-elle ?), nouveau rempart contre le déclassement. Bravo !

Et malgré ces réalités, il est frappant de constater que le discours sur la politique industrielle et la compétitivité, lorsqu'il est toléré par les élites bien pensantes, n'échappe pas aux slogans incantatoires – halte aux délocalisations ! Produire en France avec un label ! Vive le *Made in France* ! La finance doit obéir et pas commander ! Tout cela est bel et beau, mais cela ne change rien. La compétitivité et la politique industrielle sont le fruit non pas de colloques et de choix marketing qui viseraient à mettre une étiquette sur un produit, mais de l'association de facteurs indissociables et incontournables : une réflexion sur le coût du travail, la recherche de facteurs de différenciation via la technologie ou la qualité (donc l'innovation), le soutien à la recherche et au développement pour approcher la frontière technologique et transformer le plus vite possible les innovations en produits de masse, et le soutien de l'Etat et des collectivités locales via les commandes publiques. Bref, tout le contraire de ce qui a été fait, à l'exception des toutes dernières années. Et tout le contraire de ce qui est promis aujourd'hui.

Plusieurs pays, proches de la France culturellement et économiquement, nous ont montré que le redressement était possible, sans crise et sans – trop – de larmes : l'Allemagne, le Canada et d'une certaine manière la Suède. Le courage politique de leurs dirigeants et la lucidité de leur peuple et de leurs corps intermédiaires (syndicats, agents publics, chefs d'entreprise) ont été décisifs. Le chemin qu'ils ont suivi doit désormais être le notre et nous devons nous atteler à la tâche sans faillir. Notre redressement passera par celui de nos entreprises et par le renforcement de leur compétitivité, et notre émancipation des marchés financiers, qui inspire tant, passera par la disparition de nos déficits structurels et le remboursement de nos dettes. Mais, comme d'habitude en France, rien de tout cela ne sera possible sans la cohésion sociale et nationale autour de nos idéaux et de nos valeurs, assumés et portés fièrement. Ainsi nous sommes et ainsi nous resterons.

3.1. Le débat interdit sur le coût du travail

Parmi les sujets qu'il n'est pas droit d'aborder en France, il y a le coût du travail. On peut comprendre que cela soit sensible car ce qui est un coût pour l'entreprise est le moyen de subsistance pour le salarié, qui n'a en général que son salaire pour vivre. Lui expliquer qu'il coûte trop cher alors qu'il a des difficultés à finir ses fins de mois, ce n'est pas très politiquement vendeur... Et c'est surtout inexact. Le problème majeur du coût du travail n'est pas tellement celui du salaire direct que celui des cotisations sociales et autres taxes. Quand on veut faire savant, on parle de coin « fiscalo-social ». Pour faire simple, ce sont les cotisations assises sur les salaires qui permettent de financer l'assurance maladie, l'assurance retraite, la branche famille de la sécurité sociale (donc les allocations familiales, l'aide au logement, l'aide à la garde d'enfants) et la branche sur les accidents du travail. Tout ce qui a l'air gratuit, comme la santé, ne l'est naturellement pas car les remboursements viennent bien de quelque part. Et ce quelque part, c'est le salaire des employés, ni plus, ni moins, essentiellement sous forme de cotisations assises sur les salaires, et via la CSG qui est un impôt plus large qui touche également les revenus du capital.

Le coût du travail est une donnée très tangible en réalité. Il suffit de regarder une feuille de paie. Le premier chiffre tout en haut, c'est ce que le salarié coûte à l'entreprise (donc en y intégrant les cotisations sociales employeur) et le chiffre tout en bas, quelques dizaines de lignes plus bas, c'est le salaire net que perçoit effectivement le salarié. C'est peu de dire qu'il y a une différence. Cette différence s'élève pour être précis à 606 milliards d'euros en France en 2011, soit près d'un tiers de la richesse nationale lorsque l'on cumule tout. Un chiffre qui n'a cessé d'augmenter, malgré les discours larmoyants sur la fin du modèle social français. Et malgré ces sommes phénoménales, les recettes ne parviennent pas à couvrir les dépenses, qui se sont élevées pour la même année à 624 milliards d'euros. Soit un « trou » de 18 milliards d'euros, ou encore 720 euros par actif. Peccadille[62]. Un déficit qui s'ajoute à la dette publique et qui

---

[62] Mais pour comparer dignement cette peccadille avec autre chose, rappelons que le budget de l'enseignement supérieur et de la recherche est de 9 milliards d'euros en France en 2012, soit la moitié du trou de la

sera remboursée dans les 20 ou 30 prochaines années, à 3 ou 4% d'intérêt. Sans caricaturer, cela veut dire que comme cotisant, ou contribuable, vous rembourserez, puis vos enfants après vous la grippe de votre voisin dans les 20 prochaines années. Quelle marque d'altruisme intergénérationnel et de sens des responsabilités, au moment où on a que les termes de développement durable à la bouche !

Alors bien sûr, en dehors de quelques fraudes qui ne sont pas l'objet de cet ouvrage, on peut partir du principe que ces dépenses ne sont pas inutiles, à défaut d'être toujours efficaces comme nous avons pu le voir. Elles permettent de financer le remboursement des soins, les pensions de retraite, les aides à la garde d'enfant qui font que les françaises sont championnes d'Europe de la fécondité avec 2,1 enfants par femme. Ce sont des succès réels de notre pays. Des succès à crédit, mais des succès quand même.

Toutefois, la particularité française est que la quasi-totalité de ces dépenses est couverte par des cotisations assises exclusivement sur les salaires, à l'exception d'une partie de la CSG assise comme évoqué ci-dessus sur les revenus du capital. Sans être un économiste de génie, on peut légitimement s'interroger sur l'effet en termes de compétitivité que cela peut avoir sur les industries très intensives en main d'œuvre, dont les coûts de production seront mécaniquement renchéris. On peut s'interroger sur la coïncidence de voir l'Allemagne qui, après dix ans de réformes conduites par le Chancelier Schröder au titre de l'Agenda 2010, peut s'enorgueillir de ses performances économiques flatteuses – chômage à moins de 6% de la population active, équilibre budgétaire, excédent des comptes sociaux, balance commerciale excédentaire de 158 milliards d'euros ! Ces dix ans de réformes n'avaient qu'un seul objectif : renforcer la compétitivité de l'Allemagne. Elles avaient un outil essentiel : diminuer le coût du travail, notamment via la modération salariale, la baisse des impôts directs, l'augmentation de la productivité et le transfert partiel des cotisations sociales vers la TVA (1 point de TVA sur les 3 points de hausse).

Mais plutôt que d'accumuler les chiffres fastidieux, tentons d'éclairer ce débat sur la compétitivité autour de questions clés et des fausses doctrines et des faux consensus.

---

sécu…

Le débat sur le coût du travail est faussé car on n'arrivera jamais à concurrencer les Chinois sur ce thème !

Voilà une réflexion pleine de sagesse et de vérité. Donc fermons le ban, parler du coût du travail est vain et inutile. Hélas, les choses ne sont pas aussi simples. Tout d'abord, la vérité des chiffres est implacable. En 2011, 61% de nos exportations et 58% de nos importations étaient avec l'Union européenne. 17% avec l'Allemagne, environ 8% avec l'Italie, l'Espagne, la Belgique, 5% avec les Pays-Bas. Hors Union européenne, nous retrouvons en tête, sans surprise, les Etats-Unis (8% de nos échanges extérieurs). La Chine, dont tout le monde parle sans savoir, ne représentait que 7% de nos échanges commerciaux (moyenne importations et exportations), loin devant le Brésil, la Corée ou la Russie. Alors bien sûr, le débat prend une autre saveur. Nos principaux concurrents internationaux ne sont pas chinois. Ils sont allemands, belges, italiens, espagnols, américains, coréens. Tous ces pays, sans exception (et donc y compris la Corée du Sud), disposent d'un niveau de vie, mesuré par le PIB par habitant, proche du notre, si ce n'est supérieur. Inutile d'invoquer le dumping salarial dans ces conditions. Nos entreprises se battent sur les mêmes marchés et le prix des facteurs qui entrent dans la composition des biens n'est pas vraiment un sujet tabou. C'est au contraire un sujet central. Et, après presque deux décennies de laisser-aller et de hausses récurrentes des charges et taxes, voilà le coût du travail en France proche des records d'Europe ! 35,6 euros de l'heure en 2012 contre 34,2 en Allemagne (où les salaires nets sont néanmoins 20% supérieurs à la France, avec 22,2 euros de l'heure contre 18,7 en France, à la grande satisfaction des salariés outre-Rhin dont le pouvoir d'achat est donc 20% supérieur au notre), 26,1 euros en Italie ou 22 euros de l'heure en Espagne... Deux pays qui savent aussi fabriquer des voitures et qui disposent plus généralement d'une industrie redoutable...

Allons plus loin. A l'exception de quelques secteurs très particuliers comme le luxe, l'informatique (Apple ou Microsoft pour être clair) ou l'automobile haut de gamme (allemande ou italienne au cheval cabré), les marges sur les produits industriels sont faibles, typiquement entre 1 et 4% (chiffres 2008 de la Banque de France pour les PMI). En d'autres termes, une entreprise industrielle qui vend pour 100 euros de marchandise fera un bénéfice avant impôt de 1 à 3 euros. On est loin de la razzia vorace que les commentateurs qui n'ont jamais mis les pieds dans une entreprise imaginent... Or, et même s'il est difficile de généraliser, le travail représente typiquement de 30 à 70% du coût de production final. Une simple règle de 3, apprise en classes de primaire, illustre donc que, ramenée à la marge opérationnelle, toute variation du coût du travail est loin d'être négligeable. Ou que l'on peut changer substantiellement le sort d'une entreprise en abaissant le coût du travail de quelques pourcents. Ainsi, imaginons une entreprise pour laquelle le facteur travail représente 30% de la valeur ajoutée. Une baisse de 5% du coût du travail entraîne mécaniquement, toutes choses égales par ailleurs, une économie de 1,5% du chiffre d'affaires. A la lumière de ce qui précède, cela paraît si peu mais c'est ce qui sépare une entreprise qui fait des bénéfices d'une entreprise en faillite, ou ce qui sépare une entreprise qui investit d'une entreprise qui tente de survivre sans pouvoir affronter l'avenir avec confiance.

Ce débat est d'autant plus prégnant dans les PME, dont les capacités de croissance, en France, sont malheureusement étroitement liées à l'autofinancement, c'est à dire au réinvestissement des bénéfices dans l'appareil productif et l'outil de travail. Un autofinancement qui est, pour ces catégories d'entreprises, structurellement insuffisant et qui explique que nos PME ne parviennent pas à croitre à l'image de leurs homologues allemandes.

Il est donc possible de changer – substantiellement – les conditions d'exploitation et la compétitivité de nos entreprises en abaissant le coût du travail de quelques pourcents. Nul besoin de ramener le coût du travail en France au standard chinois ou indien fort heureusement. 5% est un bon début.

Encadré 5 : la question du financement des prestations sociales non contributives

Le système social français recouvre deux types de prestations de nature différente. Il y a d'un côté les prestations contributives, c'est à dire par définition qui ouvrent droit à des prestations en fonction de la contribution, donc du salaire. Ce sont les indemnités chômage, retraite, accident du travail et indemnités journalières maladie. Il n'est pas anormal que ces prestations contributives assises sur le salaire soient donc financées par des cotisations contributives elles-mêmes assises sur les salaires. Il n'en est pas de même pour les prestations dites non contributives. Ces dernières englobent en gros les prestations liées à la politique familiale et les prestations de santé, hors indemnités journalières. Ces prestations sont, ou tendent à être universelles et le produit de choix de société politiques. Or, la particularité de la France est d'asseoir l'essentiel du financement de ces choix de société non pas sur l'impôt, mais sur les cotisations sociales. Il est donc des débats économiques pour changer le mode de financement de ces prestations non contributives en les adossant à des impôts. Les choix techniques diffèrent, entre impôt sur le revenu, comme au Royaume-Uni, CSG et TVA (d'où le fameux débat sur la TVA sociale ou TVA anti-délocalisations). Ce débat est pertinent pour deux raisons essentielles. Tout d'abord, il est au cœur de la politique d'abaissement du coût du travail et de compétitivité. Mais il permet aussi de mieux financer ces prestations, et notamment les charges maladies dans la mesure où les assiettes de la CSG et de la TVA sont beaucoup plus larges que les assiettes des cotisations salariales. Techniquement, cela permet de disposer des mêmes recettes avec des taux d'imposition plus bas.

La modération salariale est synonyme d'austérité à vie

Evidemment, si l'on pose la question ainsi aux salariés : voulez-vous des augmentations de salaire ou de l'austérité salariale, il n'est guère à attendre avec un suspense angoissé la réponse. Comme on l'a vu, le coût du travail recouvre deux composantes bien distinctes. Il y a le salaire net (ce que le salarié pourra dépenser) et le coin fiscalo-social (c'est à dire les charges sociales assises sur les salaires).

Contenir ou abaisser le coût du travail peut donc se faire soit en abaissant les charges sociales, soit en abaissant les salaires nets, soit en mélangeant les deux. La baisse des charges sociales est possible en transférant une partie des cotisations vers les impôts et en maitrisant – ou réduisant – les dépenses. La baisse des salaires nets est presque impossible en France dans la mesure où ils sont déjà bien bas – rappelons simplement que la France se situe désormais au 12ème rang européen en terme de PIB par habitant, à peine au-dessus de la moyenne européenne qui compte 27 pays, dont certains fraichement extraits du bloc de l'Est... Les marges de manœuvre sont donc inexistantes, à moins de décider collectivement d'organiser une insurrection des salariés et d'euthanasier la consommation.

Mais il demeure une marge de manœuvre, dont l'Allemagne a notamment fait le cœur de sa politique de rétablissement de sa compétitivité avec l'Agenda 2010 du Chancelier Schröder : la modération salariale. Il ne faut pas confondre ce concept avec celui d'austérité[63], même si certains chroniqueurs et syndicalistes ont tendance à jouer l'ambiguïté. L'austérité, c'est la baisse des salaires. La modération salariale, comme son nom l'indique, c'est la moindre hausse des salaires, inférieure notamment à celle de la productivité. Cette règle est difficile à accepter en France, et il faut rappeler pourquoi et d'où l'on vient, à nouveau. Après la dévastation de la Seconde Guerre Mondiale, la France a enclenché un cycle inédit dans son histoire de rattrapage économique et de croissance, portée par une vague très importante d'investissements (machines, infrastructures) mais aussi et surtout par la hausse massive de la productivité. Ce terme technique recouvre une donnée fondamentale en économie et mesure la façon dont le travail et le capital s'associent pour donner des biens. Entre 1950 et 1975, les deux tiers de la croissance française (supérieure à 4,5% en moyenne, cela fait rêver rétrospectivement) n'était pas expliquée ni par la hausse du stock de capital fixe, ni par la hausse du nombre d'heures travaillées. Elle était expliquée par la hausse de la productivité des travailleurs français, c'est à dire de la quantité de biens et de services produits par unité de temps. C'est cette productivité qui a permis d'augmenter massivement le niveau de vie via la redistribution quasi-intégrale de

---

[63] Et après les remarques précédentes sur les salaires horaires français et allemands, il est fort à parier que nos compatriotes aimeraient connaître l'austérité allemande...

ses fruits en hausses de salaire ou en prestations sociales. Mais depuis le milieu des années 70, la productivité a globalement chuté. La banalisation des technologies et des méthodes de production issues de la seconde révolution industrielle ne permettait plus de maintenir le même niveau de croissance.

L'Allemagne a parfaitement compris cette réalité et a engagé, dès le début des années 2000, un plan de restauration de la compétitivité et de flexibilisation du marché de l'emploi sans précédent. Le chapitre suivant reviendra plus en détail sur les choix allemands. Force est de constater le résultat, presque 10 ans jour pour jour après le lancement de l'Agenda 2010. En 2005, le chômage était de près de 12% de la population active. Il est aujourd'hui inférieur à 6%, soit proche du plein emploi. Alors que la croissance française arrivait péniblement, les bonnes années, à 2%, l'Allemagne connaissait plusieurs années, notamment 2010 et 2011, de croissance supérieure à 3%. En 2011, la balance commerciale de l'Allemagne était excédentaire de 158 milliards d'euros. Cerise sur le gâteau, après des années de modération salariale et de hausse bien modeste des rémunérations, les négociations entre syndicats (dont le puissant syndicat de l'industrie IG Metall) et employeurs aboutissent en 2012 à des hausses de salaires de près de 6% ! Force est donc de constater que la méthode allemande a été efficace. Elle a permis au pays de relever la tête et de consolider ses positions dans le même marché ouvert que nous connaissons, en partageant la même devise (l'euro) et aux salariés d'être récompensés de leurs efforts. Il y a eu deux différences stratégiques majeures avec la France. La première a été de focaliser tout l'effort national sur la compétitivité et le renforcement de la puissance industrielle, commerciale et exportatrice du pays, au lieu de privilégier le farniente, le temps libre et le partage du temps de travail. La seconde a été le souci de bonne gestion : fidèles au bon sens qu'on leur connaît, les allemands ont décidé de ne distribuer que les fruits de gains de productivité réels, une fois qu'ils se sont réalisés, et non de gains fictifs, qui n'existent que dans l'imagination prolifique de certains hommes politiques ou syndicalistes, en France... Peut-on honnêtement dire qu'ils ont eu tort ?

3.2. Vive la recherche et l'innovation !

Un grand nombre de commentateurs soulignent avec conviction que la recherche et l'innovation sont les axes majeurs pour accroître notre croissance. Ils ont raison, cent fois raison, mille fois raison. La recherche (et développement) et l'innovation sont, dans tous les secteurs de l'économie, les clés. Une des particularités les plus documentées du 21ème siècle, et les plus ignorées dans les débats publics, est l'obsolescence accélérée des technologies et leur diffusion quasi-immédiate à l'autre bout du monde. Une invention, si d'aventure elle permet quelque application pratique, ne reste jamais longtemps au stade de l'invention mais trouve instantanément sa place dans l'industrialisation de nouveaux produits ou l'amélioration de produits existants. Et le terme « instantanément » n'a malheureusement rien d'emphatique désormais. Le savoir n'a plus de frontières et la plupart des grands pays industriels et émergents disposent aujourd'hui d'infrastructures économiques et technologiques pour intégrer ces innovations et les traduire en nouveaux biens. On estime ainsi que, dans les secteurs les plus en pointe et les plus complexes, les Etats-Unis ne disposent plus que d'une avance technologique moyenne de 2 ans sur la Chine, et d'une avance industrielle (c'est à dire de la capacité à industrialiser à grande échelle une technologie) d'une petite dizaine d'années. Est-il donc utile de préciser que cette réalité transforme le champ concurrentiel ?

Depuis la première révolution industrielle, arrivée presque concomitamment en France et en Angleterre à la fin du 18ème siècle, l'industrie a été le vecteur principal du progrès technologique. La domestication de l'énergie (via la machine à vapeur, puis la combustion d'énergie fossile, puis l'électricité, puis la maîtrise de l'atome) a permis de fabriquer plus de biens avec moins de mains et plus de machines. En produisant plus de biens, on a permis d'abaisser massivement les prix pour le consommateur, et donc d'augmenter massivement le niveau de vie, au sens de disponibilité de biens divers qui améliorent le quotidien. Cette révolution industrielle, et les 2 qui ont suivi, ont également permis à quelques pays européens de dominer largement le monde connu, par un double mouvement très bien documenté par les historiens. D'une part, leur puissance industrielle naissante nécessitait à la fois de nombreuses ressources naturelles (le coton issu des colonies américaines par exemple pour les britanniques), mais également des débouchés captifs, bien au-delà des frontières européennes. Et d'autre part, la domestication de l'énergie permettait d'accroître de façon considérable la puissance militaire, via l'utilisation de navire rapides et bien armés, très bien protégés par des blindages épais. Ces deux éléments ont naturellement été les vecteurs d'un mouvement de colonisation sans précédent dans l'histoire européenne, de par son ampleur et sa rapidité. L'Afrique, le Moyen-Orient puis l'Asie sont tous tombés, peu ou prou, dans l'escarcelle européenne. Avec des variantes bien sûr. Si le Japon est resté relativement épargné, en acceptant néanmoins de s'ouvrir et de s'occidentaliser à l'aube de l'ère Meiji en 1868, la Chine fut humiliée avec les guerres de l'Opium, les traités inégaux qui ouvraient en fait la côte chinoise aux pays occidentaux via les fameux comptoirs, et une forme d'aliénation économique qui empêcha à ce pays tout espoir de développement jusqu'à la fin de la seconde guerre mondiale (en créant un fort sentiment d'humiliation et de ressentiment).

Dire que la révolution industrielle permit donc à l'Europe d'engager, au début du 19ème siècle, un cycle de domination sans précédent et sans opposition sur le monde est un euphémisme. Mais depuis ce temps, le monde a bien changé. L'Asie, l'Amérique du Sud et même une partie de l'Afrique rivalisent désormais, technologiquement parlant, avec les anciens pays industrialisés en général et la France en particulier. Dans plusieurs secteurs clés comme la défense, les énergies renouvelables, les transports en commun, l'électronique et l'informatique, nous sommes aujourd'hui dépassés par la Chine, parfois l'Inde, la Corée du Sud... Demain le Brésil, l'Argentine, l'Afrique du Sud, l'Indonésie, la Malaisie et d'autres entreront dans la danse. Tous ces secteurs sont des secteurs d'avenir, qui conditionnent non seulement notre économie future, mais également notre bien-être. Et dans tous ces secteurs, nous sommes aujourd'hui largement concurrencés ou distancés. Comment a-t-on pu en arriver là et pourquoi avons-nous laissé des pays émergents nous rattraper et nous dépasser ?

Pour une part, nous nous sommes bercés dans l'illusion de notre avance et avons, contre toute évidence, persisté à regarder de haut nos principaux concurrents économiques, par arrogance. Dans l'image d'Epinal qui colle à la peau, nous continuons à penser que la Chine est retardée alors qu'elle est le second pays avec les Etats-Unis à maîtriser un certain nombre de technologies telles la furtivité, les vols spatiaux habités ou la défense anti-missiles balistiques. Nous tenons à croire que la France est en pointe dans les technologies vertes alors que la Chine fabrique 9 panneaux voltaïques sur 10, près de la moitié des éoliennes mondiales et qu'elle innove chaque année en créant, *ex nihilo*, de nouvelles villes bâties sur des principes d'autosuffisance énergétique ou de bilan zéro émission ! Il y a certes encore loin de la coupe aux lèvres, mais dans le cas de la France, le vin n'est pas encore tiré et nous persistons à donner des leçons au monde entier, au lieu de nous retrousser les manches et de combler notre retard !

Et oui, retard il y a et le retard se creuse jour après jour. Retard dans le financement de la recherche et développement avec des dépenses intérieures de recherche et développement inférieures à 2% du PIB en France contre 2,6% au Etats-Unis, en Allemagne, près de 4% au Japon et un peu plus de 2% en Chine, hors dépenses militaires. En termes de chercheurs et malgré l'ambitieuse stratégie de Lisbonne qui visait en 2000 à faire de l'Union européenne le leader mondial en terme de recherche et développement et qui est restée, comme trop souvent en Europe, au stade incantatoire, nous faisons figure de parent pauvre, loin derrière les Etats-Unis (1,5 millions de chercheurs) et la Chine (1,4 millions). En 2010, la Chine dépassait le Japon et prenait la deuxième place mondiale des dépenses de R&D, avec plus de 153 milliards de dollars contre 144 milliards pour le Japon, certes loin derrière les Etats-Unis qui, avec 405 milliards dollars, représentent toujours le tiers des dépenses mondiales de recherche et développement. Avec 42 milliards de dollars, et uniquement grâce à l'effort sans précédent du grand emprunt d'avenir, la France atteignait péniblement la sixième place mondiale, derrière l'Allemagne et la Corée du Sud ! Comment dans ces conditions maintenir notre rang ? Les choix de dépenses publiques peuvent en effet interpeller dans notre pays. 23 milliards d'euros pour les 35 heures, 10 milliards de déficit de l'assurance maladie en 2011, 1 milliard d'euros pour le trou du régime des intermittents du spectacle, 3 milliards d'euros pour le retour partiel à la retraite à 60 ans de l'été 2012 et 6 milliards d'euros en 2002 pour les emplois jeunes et qui préfigurent les futurs emplois d'avenir. La somme de toutes ces dépenses bien discutables aurait permis de financer le doublement de l'effort intérieur de recherche et développement et donc de maintenir notre pays dans le peloton de tête des innovations. Nous avons collectivement fait d'autres choix.

Pourtant, les recettes sont connues. Elles sont fondées sur un triptyque connu depuis des décennies et qui a fait ses preuves dans tous les pays qui l'ont appliqué : le soutien de l'Etat à la recherche fondamentale et aux technologies duales, l'apport essentiel du secteur privé au travers de l'industrie et la facilitation de la transformation des innovations scientifiques et technologiques en innovations industrielles.

Le rôle essentiel de l'Etat

Contrairement aux apparences, il n'y a nulle trace de Colbertisme dogmatique dans cette constatation. La recherche et développement doit bénéficier du soutien primordial de l'Etat. C'est vrai aux Etats-Unis, cela a été vrai au Japon et en Corée et c'est vrai en Chine aujourd'hui. L'Etat a 4 rôles essentiels à ce titre. Il doit promouvoir et accompagner la formation des élites scientifiques. Il doit financer et assumer une (grosse) partie de la recherche fondamentale que trop d'entreprises hésitent, à tort, à financer. Il doit soutenir l'industrialisation des nouvelles technologies de pointe via la commande publique et notamment via les technologies duales, d'origine militaire mais qui ont des applications civiles. Il doit enfin piloter la fiscalité afin de soutenir et d'encourager les efforts privés complémentaires des siens.

Force est de constater que la France, pendant trop longtemps, a fait fi de ces 4 points. Comme nous l'avons rappelé, les études scientifiques attirent de moins en moins d'étudiants, à l'inverse des sciences humaines, sans que l'Etat n'y prête attention d'une quelconque manière. Le libre choix des étudiants et l'absence de *numerus clausus* dans les études supérieures, ou simplement d'une orientation digne de ce nom poussent les étudiants à fuir la science et la recherche et à s'enfermer dans des filières bouchées. La fiscalité n'a que très récemment intégré l'objectif de soutien à la recherche de façon pérenne, via la création du crédit impôt recherche et l'augmentation massive de son montant, jusqu'à 5,3 milliards d'euros en 2012, le triple de son montant en 2007[64]. La

---

[64] Rappelons que les montants étaient de l'équivalent de 300 millions

commande publique reste symbolique en produits de hautes technologies, à moins de 1% du PIB et par ailleurs exclusivement limitée à des matériels militaires ou à la recherche nucléaire, dépenses comme par hasard violemment critiquées par une belle partie de ceux qui n'ont que les mots « recherche » et « développement » à la bouche... Dans les 30 dernières années, ces commandes publiques ont également été les principales variables d'ajustement des budgets publics, exclusivement à la baisse naturellement.

Et finalement, peut-on ignorer que la recherche fondamentale publique est d'une certaine façon victime de son propre succès ? Pour une raison que la raison ignore, les scientifiques et chercheurs publics français sont parmi les plus brillants et des plus mal payés au monde. Mais ils sont également, dans leur immense majorité, totalement imperméables à l'idée que leurs recherches puissent avoir des applications quelconques... Les relations avec les entreprises sont trop souvent inexistantes, lorsqu'elles ne sont pas vues simplement comme sacrilèges, et les créations d'entreprises comme *spin-off* de laboratoires de recherche publique se comptent sur les doigts d'une seule main, alors qu'elles sont systématiques dans les grands laboratoires des grandes universités américaines[65]. A la décharge des chercheurs, souvent prompts à politiser leur discours, à se focaliser exclusivement sur les effectifs, et pas avares de quelques incohérences[66], il convient de reconnaître que la fascination française pour les grands projets décidés *ex cathedra* par des décideurs politiques aussi familiers de la recherche et des sujets scientifiques que les communistes le sont de l'économie de marché, est peu efficace et mène à des absurdités. Sans remonter jusqu'aux avions renifleurs (environ 500 millions de francs par an à la fin des années 70), on peut citer le fameux plan calcul (2 milliards de francs par an dans les années 70) ou les sommes englouties pour maintenir le Minitel en activité jusqu'à la fin des années 90 ou pour financer la fin de vie de Bull, qui avait pourtant tout pour devenir le Microsoft ou

---

d'euros en 1983 et moins de 500 millions d'euros sous Lionel Jospin en 2000...

[65] On dit que l'Université de Stanford, en Californie, est la 20ème économie du monde quand on ajoute toutes les entreprises créées par et autour de l'université...

[66] Comme le fait de s'émouvoir du grand emprunt qui apportait pourtant la plus grande injection de fonds publics dans la recherche depuis 1945...

l'IBM français. L'Etat stratège, comme dans bien d'autres domaines, a fait preuve de son inefficacité à piloter d'en haut les allocations de moyens. Et malheureusement, la base des chercheurs a fait la preuve de son inefficacité à produire du savoir appliqué et applicable sans coordination et à s'autogérer... De ce point de vue, comment comprendre le dogmatisme des chercheurs publics à refuser toute évaluation et toute coordination. Comme récipiendaires de fonds publics, ils doivent rendre compte de leur activité et ne bénéficient d'aucun statut privilégié qui leur permettrait de continuer leurs affaires sans que l'Etat, par ses représentants, puisse les évaluer. On peut comprendre leur souci de voir des indicateurs de performance cohérents et rationnels mis en place, mais en aucune manière de refuser par principe, comme aujourd'hui, l'évaluation de leurs travaux.

L'apport du secteur privé – là où le bât blesse

Si la France se situe dans la moyenne de l'OCDE des dépenses publiques de recherche (1% du PIB contre 0,8% pour l'OCDE et 0,9% pour les Etats-Unis), elle est largement à la traine dans les classements de dépenses privées, en 16ème position avec moins de 1% du PIB contre 1,5% dans l'OCDE en moyenne, 2,5% au Japon et 1,7% aux Etats-Unis ou en Allemagne. Ce constat accablant aurait du mettre les dirigeants politiques sur le premier enjeu en matière de recherche, à savoir le soutien et la promotion de la recherche privée. Au lieu de cela et comme d'habitude, les débats tournent depuis 15 ans autour des effectifs du CNRS... Ne dit-on pas lâcher la proie pour l'ombre ?...

La deuxième conclusion de l'analyse détaillée des dépenses privées de recherche et développement est tout aussi accablante. Les dépenses françaises et européennes sont non seulement plus faibles que celles outre-Atlantique, mais elles sont aussi concentrées sur des secteurs matures et non sur les secteurs de croissance. Ainsi, l'écart entre l'Union européenne et les Etats-Unis sur la pharmacie et les biotechnologies est de 60% en faveur des Etats-Unis, du simple au triple dans le secteur des équipements informatiques, de 1 à 10 dans les services informatiques. A l'inverse, l'Europe et la France en particulier sont en tête dans les secteurs automobiles (hélas concurrencés par la Corée, le Japon, l'Allemagne et bientôt la Chine) et les produits électriques et électroniques, là encore fortement concurrencés par la Chine désormais. Nous conservons également le leadership sur les matériaux et la construction, qui est un secteur de pointe français (avec Saint-Gobain, Lafarge ou Bouygues entre autres).

La troisième conclusion est, sans surprise, que l'essentiel de l'effort privé de recherche et développement est assuré en France par les grandes sociétés. Ainsi, les 3% des entreprises qui disposent d'un budget de recherche de plus de 30 millions d'euros assurent près de 70% de l'effort privé total. Les proportions sont exactement inversées en Allemagne, où les (grosses) PME très innovantes et fortement exportatrices assurent une part substantielle des dépenses privées de recherche et développement. Cela leur permet de briller dans la compétition internationale et de gagner des parts de marché sur les secteurs dynamiques, en se constituant de fortes réserves de compétitivité hors-prix, et donc de vendre plus cher et de bénéficier de marges opérationnelles plus élevées, réinvesties en innovation, recherche et développement... C'est tout un cercle vertueux que l'économie allemande a bien compris et mis en application et que nous peinons, en France, à faire émerger. Nos grandes entreprises sont très internationalisées et leurs centres de recherche sont désormais implantés dans plusieurs pays et jusqu'en Chine[67] (voir Alcatel à Nankin par exemple). Les PME n'ont pas vraiment ce luxe et leurs dépenses de recherche sont fortement nationales, lorsqu'elles existent...

La transformation des innovations scientifiques en innovations industrielles

Dans la phrase qui précède, le mot important est naturellement le mot « industrie », car sans vouloir accabler le secteur des services, il convient de rappeler que l'industrie[68] est le principal vecteur de promotion des progrès scientifiques et surtout d'innovations. Il y a en effet une différence substantielle entre recherche, développement et

---

[67] Il y a en 2012 plus de 1 200 centres de recherche d'entreprises non chinoises en Chine. Certains grands groupes comme Microsoft, Nokia, Motorola ont établi autour de Pékin des centres mondiaux majeurs.

[68] L'industrie intègre dans ce cas le secteur agroalimentaire, qui est également fondamental dans l'application des découvertes scientifiques.

innovation industrielle. La recherche sert à faire avancer la connaissance théorique et ne trouve sa justification économique que dans l'innovation industrielle. Les chercheurs en sciences fondamentales sont en effet essentiels mais il convient de rappeler que leurs salaires viennent, lorsqu'ils sont payés par l'Etat, des impôts sur les activités marchandes, et donc indirectement de la vente de biens et de services. La boucle est ainsi bouclée.

Comme nous l'avons vu, la France souffre d'une recherche privée assez faible en comparaison des principaux pays de l'OCDE, et ce malgré le dispositif du crédit impôt recherche et certaines aides des régions. Le même retard se retrouve lorsqu'on aborde la question de l'innovation industrielle. La France dispose en la matière d'une position très ambivalente : en pointe dans certains secteurs et très indifférenciée dans les autres. Nous voyons en effet le secteur agroalimentaire, le luxe, l'aéronautique, l'automobile, la pharmacie, le nucléaire en tête des classements internationaux ; à l'autre bout du spectre, la France a largement abandonné le secteur des biens d'équipement industriels, des machines outil, du textile, de la chimie de spécialité, les biens d'équipement de la maison. Autant de domaines où notre pays a oublié d'innover, de se différencier des concurrents par la qualité, le design, la technologie.

L'innovation est un concept complexe. Elle fait appel au fruit de la recherche scientifique certainement, mais aussi au talent des ingénieurs et des ouvriers qualifiés. Elle nécessite une parfaite connaissance des marchés particuliers de chaque secteur industriel, une volonté de se différencier par la qualité et des moyens conséquents pour investir. L'Allemagne, encore elle, a fondé son succès industriel, notamment dans son secteur des PME, le fameux Mittelstand, sur l'innovation. Depuis 1949, un organisme public fédéral, le *Fraunhofer Gesellschaft* centralise la recherche appliquée et, grâce à un réseau dense de 57 instituts spécialisés[69] et de 13 000 salariés, permet de diffuser et de promouvoir les technologies appliquées qui seront intégrées dans les nouveaux produits. Cet organisme est tout à fait singulier et illustre que nos voisins allemands ont, mieux que quiconque, compris le rôle essentiel de l'innovation industrielle et de la diffusion rapide des nouvelles

---

[69] On retrouve par exemple un institut spécialisé pour les circuits intégrés, pour le génie biomédical, ou encore pour les machines outils et de mise en forme.

technologies et des découvertes scientifiques dans l'industrie. Là où la France mise sur la recherche fondamentale publique grâce à de prestigieux laboratoires du CNRS notamment, l'Allemagne marche sur deux jambes, grâce au célèbre Institut Max Planck (équivalent du CNRS pour simplifier) d'une part et à la Fraunhofer de l'autre : une jambe de recherche fondamentale, et une jambe de recherche appliquée à l'industrie. Ses succès sont partout et un nombre considérable de biens de consommation que nous utilisons tous les jours ont été développés grâce aux travaux de la Fraunhofer, comme le MP3, célébrissime algorithme de compression de données musicales que nous retrouvons dans les iPhone et autres baladeurs numériques.

Cette focalisation sur l'innovation n'a pas de meilleurs résultats outre-Rhin que dans le secteur de la machine outil. Grâce à l'obsession de l'innovation, de la qualité et de la haute technologie, l'Allemagne a réussi à bâtir un tissu dense de PME, en tête sur la plupart des branches de ce secteur industriel. Sur les 30 principales branches, l'Allemagne se retrouve leader mondial sur 17 et dans les 3 premiers mondiaux dans 27. Ce succès, l'Allemagne le doit à près de 20 ans d'efforts, de recherche et développement, de formation d'ingénieurs spécialisés, en liens étroits avec l'industrie, de diffusion des technologies grâce à l'un des 57 instituts de la Fraunhofer Gesellschaft, et à près de 10 milliards d'euros par an de dépenses de recherche appliquée, uniquement dans ce secteur des machines outils !

3.3. Et la commande publique dans tout ça ?

Dans un pays dont 56,6% du PIB passe à un moment ou à un autre entre les mains publiques, on pourrait s'attendre à ce que la commande publique représente un moteur substantiel de l'économie, et une part tout aussi substantielle des investissements. Quelle surprise alors de constater qu'il n'en est rien. En 2010, l'observatoire des marchés publics recensait un total de 67,3 milliards d'achats publics, soit moins de 9 % de la dépense publique de l'Etat et des collectivités locales, qui s'est élevée cette année là à 760 milliards d'euros, dont 210 milliards d'euros pour les collectivités locales et 550 milliards d'euros pour l'Etat. La quasi-totalité de ces commandes publiques était des achats de fournitures (pour 25 milliards, en baisse de 11 milliards entre 2009 et 2010), des travaux (pour 19 milliards, en baisse de 2 milliards sur un an) et le solde des achats de services, notamment de sous-traitance pour 22 milliards. Le constat est sans appel : l'Etat focalise l'essentiel de ses moyens sur le paiement des salaires et pensions de ses employés et le solde sur des dépenses d'intervention dont on a vu qu'elles n'étaient pas toujours pertinentes. L'arme de la commande publique pour faire vivre le tissu économique, notamment des PME, est largement sous-employée (27% de PME dans la commande publique en montant). Il en est naturellement de même pour l'investissement, qui s'élève, pour toute la sphère publique, à moins de 7,5% des dépenses totales, en quasi-totalité assumée en sus par les collectivités locales (écoles, routes...). Alors que les investissements publics représentaient l'un des principaux moteurs de la croissance économique durant les Trente Glorieuses, en croissance de 12,9% par an en moyenne entre 1959 et 1965 et même de 6,8% par an entre 1985 et 1989, ce moteur s'est grippé. Plus encore, la chute des investissements publics pèse sur les chiffres nationaux alors qu'ils les tiraient dans le passé. Alors que la sphère publique représentait 30% du PIB en 2010 (Etat + collectivités territoriales), elle n'assurait que 16,5% de la formation brute de capital fixe totale du pays... Un rapport de 1 à 2 avec ce qui serait légitime et normal. A nouveau, cela s'explique par les choix de l'Etat et des collectivités locales, privilégiant les dépenses de personnel et d'intervention au lieu de préparer l'avenir. Cela s'explique mais cela ne se comprend pas.

Ni la commande publique, ni l'investissement ne sont plus des priorités ou vus comme des outils de régulation économique, d'impulsion, de soutien à la conjoncture ou aux nouvelles technologies. Pire encore, ces dépenses sont les principales mesures d'ajustement en cas de ralentissement de la conjoncture. Entre 2009 et 2010, la commande publique a ainsi fondu de près de 14 milliards d'euros, soit plus de 17% ! Comment s'étonner que les entreprises qui contribuaient à ces commandes aient été touchées de plein fouet par l'austérité et aient du couper dans leurs effectifs...

Un autre exemple caricatural de cette propension à sabrer dans les dépenses de façon cavalière, si ce n'est absurde et contre-productive est à trouver dans nos forces armées. Pour la personne familière de ce grand ministère qu'est la Défense, il y aurait tant à dire. Commençons par le scandale des munitions. Jusque dans les années 90 et la fermeture de la manufacture de Saint-Etienne en 2001 par Lionel Jospin, la France fabriquait encore les fusils d'assaut que ses militaires emploient : les fameux FAMAS[70] (Fusil d'Assaut de la Manufacture d'Armes de Saint Etienne). Cette arme fut pendant des années l'une des plus avancées parmi ses semblables. Elle est compacte, très précise et elle n'a presque aucun recul. Toutefois, et comme la France ne sait rien faire comme les autres, malgré son calibre 5.56 Otan standardisé, elle ne peut pas utiliser des cartouches standards, chemisées en laiton. Ce n'est pas par racisme envers ce métal, mais simplement parce que la percussion de la cartouche lors du tir est trop forte, que les chargeurs ne sont pas fait pour et que le canon est trop court et ses stries non conventionnelles. La munition pensée pour cette arme était donc fabriquée par le même constructeur, le GIAT, dans une usine du Mans, avec une cartouche en acier. Elle avait donc deux caractéristiques positives : c'était une munition 100% française qui faisait vivre des ouvriers français très spécialisés et elle n'explosait pas dans le canon lors du tir... Mais là encore, fasciné par les économies de bout de chandelle et par un audit qui estimait que la rentabilité de cette usine n'était pas assurée à moins de 50 millions de cartouches produites par an, le gouvernement décida purement et

---

[70] Désormais, il faut les acheter à l'étranger... On a le choix entre Heckler & Koch, grosse PME allemande, ou la fabrique nationale de Herstal, en Belgique... Cela ne surprend personne que la France ne sache plus fabriquer les armes de poing qu'elle utilise dans ses forces armées, ni que l'Allemagne et la Belgique y parviennent encore.

simplement de la fermer et d'acheter les munitions nécessaires à nos forces armées à l'étranger, par appel d'offres. Sans surprise, les gagnants – israéliens et des EAU – proposaient des cartouches en laiton, moitié moins chères que les cartouches en acier que nous utilisions (25 centimes la cartouche contre 50 centimes auparavant). En voilà une économie qu'on ne pouvait pas laisser passer, surtout ramenée au volume considérable de 35 millions de cartouches tirées chaque année par nos forces armées. Un calcul élémentaire montre que ce choix nous a donc fait « économiser » 8,75 millions d'euros d'achats[71]. Alors bien sûr, ce chiffre oublie simplement le coût social du licenciement des malheureux salariés de l'usine française qui fabriquait ces munitions, le coût de l'abandon de souveraineté de ne plus être maître des munitions de ses forces armées, et les multiples accidents de tir liés à la mauvaise qualité des cartouches ou, à tout le moins, à leur non conformité au FAMAS... Quelle importance après tout que certaines munitions ne se percutent pas, explosent lors de la percussion ou perdent leur précision au delà de 30 mètres... Un dernier mot : il manquait donc 15 millions de cartouches produites chaque année pour que l'usine GIAT du Mans reste rentable... 35 millions de cartouches tirées par an, cela fait environ 300 par soldats. Mystérieusement, les forces armées des pays voisins utilisent, en moyenne, entre 3 et 10 fois plus de cartouches par tête pour entraîner leurs soldats, hors unités particulières des forces spéciales. Comme quoi, lorsqu'il s'agit de faire des économies, aucune mesquinerie n'est de trop, y compris celles qui sont finalement plus coûteuses socialement, qui ruinent la souveraineté et un tissu industriel, et qui mettent en danger nos soldats.

Dans le domaine des achats publics comme dans d'autres, la solution est simple : elle consiste à faire exactement le contraire de ce qui a été entrepris depuis la fin des années 80. La commande et les investissements publics doivent redevenir des outils majeurs d'allocation des ressources, de souveraineté sur les secteurs vus comme stratégiques, de solvabilisation de certains secteurs industriels naissants et de filières d'avenir et de préparation de l'avenir. Ainsi, les secteurs des transports ou de l'énergie dépendent structurellement des décisions publiques et le caractère de bien

---

[71] En fait un peu moins car les 35 millions de cartouches tirées comptent les cartouches d'exercice, ou « à blanc » qui ne sont pas chemisées en métal.

public des grands réseaux contribue encore à renforcer le rôle essentiel de l'Etat dans leur développement. Cette réalité avait été bien reconnue lors du Grenelle de l'environnement en 2007 mais avait laissé trop peu de suites, essentiellement parce que la crise économique avait changé l'ordre des priorités du Président Sarkozy et du gouvernement.

3.4. L'Agenda 2010 ou le sursaut de l'Allemagne

La santé économique de l'Allemagne semble insolente. Mais notre voisin revient de loin. Le *Wirtschaftswunder*, ou miracle allemand, a ainsi bien failli, au début des années 90, tourner au désastre allemand. En précipitant la réunification des deux Allemagne, dès 1990, le Chancelier Helmut Kohl avait fait un pari audacieux, qui devait coûter particulièrement cher. Les modalités de la réunification furent simples : parité de la devise entre l'Est et l'Ouest malgré des écarts massifs de productivité et subventions non moins massives des anciens Länder de l'Est via des transferts fiscaux. Entre 1990 et 2008, on estime que 1 300 milliards d'euros permirent ainsi d'élever, petit à petit, le niveau de vie de l'ancienne Allemagne de l'Est pour le rapprocher, peu ou prou, du niveau de l'Allemagne de l'Ouest. Un an après la réunification, le PIB par habitant à l'Est ne dépassait pas 33% de celui de l'Ouest. En 2008, le rapport était revenu autour de 80% !

Ces changements se firent dans la douleur et les performances économiques de l'Allemagne s'en ressentirent fortement. Entre 1980 et 1990, la croissance de l'ex RFA dépassa en moyenne les 4,2% et, malgré un chômage assez élevé en 1990 (8,2%), l'optimisme régnait. Le choc de la réunification tira même la croissance, les deux premières années, avec 5,7% en 1990 et 5,1% en 1991, chiffres que la France n'a plus connus depuis les années 60. Il fallait en effet tout reconstruire à l'Est. Mais l'euphorie fut de courte durée. En 1992, la croissance fut divisée par 3 et dépassa à peine 1,5%. L'Allemagne rentra en récession l'année suivante avec une contraction du PIB de 1,7% en 1993. Le chômage s'envola, notamment à l'Est où il fut presque multiplié par deux entre 1990 et 1997, passant de 5,6% à 9,8%. Alors que la croissance mondiale s'envolait dans le sillage de la nouvelle économie (qui éclatera avec la bulle internet en 2000 néanmoins), l'Allemagne rongeait son frein, avec des performances économiques médiocres. La croissance économique était presque le double en France, entre 2,5 et 3,5% par an contre 1,5% de l'autre côté du Rhin. A la lecture des dernières statistiques, il faudrait presque se frotter les yeux pour le croire. Inexorablement, le chômage augmentait en Allemagne, pour atteindre son record en 2005 au taux peu enviable de 12%, et de 18,7% à l'Est. Il fallait se rendre à l'évidence. La réunification plombait les comptes sociaux et les impôts qu'il avait fallu lever pour régler les ardoises pesaient sur la compétitivité du pays. Entre 1997 et 2000, la part de marché de l'Allemagne dans le commerce mondial avait chuté de 1,5 points, pour atteindre à peine 8%. Le principal moteur de la croissance allemande était grippé.

Forts de cette analyse sans concession, les dirigeants allemands engagèrent, en 2002 et 2003, un programme de redressement sans équivalent depuis la Seconde Guerre Mondiale. Mais cette fois, ils se passèrent de l'aide américaine et ne durent compter que sur eux-mêmes. Le Chancelier Gerhart Schröder et sa majorité sociale démocrate[72] identifièrent deux causes majeures aux médiocres performances économiques de leur pays : le système social et le marché du travail. Et ils résolurent de s'y attaquer en se fixant un objectif ambitieux : refaire de l'Allemagne une puissance économique forte et respectée à l'horizon 2010, soit en moins d'une décennie. Le projet Ambition 2010 était né.

La libéralisation du marché du travail

Avec un chômage en hausse régulière et une compétitivité en berne, les dirigeants allemands prirent conscience que des réformes d'ampleur du marché du travail devenaient nécessaires pour adapter leur pays au monde nouveau, un monde ouvert. Entre 2003 et 2005, 4 lois furent ainsi votées, intitulées lois Hartz[73] I, II, III et IV, visant toutes à renforcer la lutte contre le chômage volontaire (sic) et à flexibiliser le marché du travail afin de faciliter le retour de la croissance. L'idée à l'époque était que les services devraient peu à peu supplanter l'industrie et le droit, très marqué par les rapports sociaux particuliers dans ce secteur, ne pouvait que s'adapter. Force est de constater que cette dernière idée ne s'est pas réellement concrétisée tant l'industrie reste puissante en Allemagne. Mais les lois Hartz ont indubitablement permis à l'Allemagne de mieux

---

[72] Il s'agissait en fait d'une coalition entre le SPD (l'équivalent du Parti Socialiste) et des Verts.
[73] Du nom de Peter Hartz, ancien DRH du groupe Volkswagen qui fut enrôlé par Schröder pour diriger le comité de modernisation du marché du travail.

accompagner les chômeurs et de retrouver le plein emploi (5,6% de taux de chômage en mars 2012).

Sans rentrer dans des détails fastidieux, les lois Hartz engageaient 4 types de réformes : une réorganisation de l'ANPE allemande qui devait la rapprocher d'un *job center* au sens britannique ou américain du terme ; la flexibilisation du contrat de travail ; un raccourcissement des durées d'indemnisation pour inciter les chômeurs à accepter des offres d'emplois, y compris des emplois peu rémunérés (*mini jobs*) ; la facilitation à la création d'entreprise, et notamment des entreprises unipersonnelle (les fameuses *Ich AG*).

Avant la réforme Hartz IV, le système allemand d'assurance chômage était l'un des plus généreux au monde. Il protégeait tellement bien les chômeurs qu'il n'incitait pas vraiment à chercher activement un emploi. Jugeons-en plutôt : un Allemand qui perdait son emploi disposait de 12 à 36 mois d'indemnisation, suivant ses antécédents de cotisation, d'un montant environ égal à environ 67%[74] de son ancien salaire. Si d'aventure il n'avait pas retrouvé un emploi qui lui convenait, le chômeur allemand, à l'expiration des droits à ce premier dispositif, entrait dans un second dispositif marginalement moins généreux, où il pouvait compter sur 53 à 57% de son ancien salaire. La loi Hartz IV modifia radicalement la donne. Désormais, les indemnités du premier dispositif ne seraient plus versées que pendant 12 mois au lieu de 36 (et 18 mois pour les plus de 55 ans), et à l'expiration des droits, il n'y aurait plus que des allocations symboliques, qui plus est versées sous conditions de ressources ou de patrimoine. Une révolution qui, bien sûr, passa assez mal et cristallisa les critiques mais sur laquelle la chancelière Angela Merkel se garda bien de revenir lorsqu'elle arriva au pouvoir en 2005 et qui est toujours en vigueur aujourd'hui.

En réduisant massivement les allocations chômages, le chancelier Schröder prit le parti totalement assumé de pousser à la reprise d'un emploi, coûte que coûte. La première conséquence fut une baisse immédiate du chômage. De 12% à fin 2005, le chômage passa l'année suivante à 8,4%, puis à 7,7% fin 2009, en pleine crise économique. La vie au chômage devenant précaire, plus personne ne pouvait s'y abandonner. La seconde conséquence fut moins glorieuse, avec l'apparition des fameux *mini-jobs*. L'Allemagne, tout

---

[74] Contre environ 57% en France.

comme plusieurs autres pays européens (Italie, Autriche, Finlande, Suède, Suisse) ne dispose pas de salaire minimum imposé par la loi et seules certaines branches ont négocié des accords particuliers. Dans ces conditions et comme la loi Hartz IV entraînait rapidement la suspension de toute forme d'indemnisation, on vit apparaître des « jobs à 1 euro » de l'heure en Allemagne (en fait des jobs payés entre 400 et 800 euros par mois). Environ 1,4 millions de personnes seraient concernées, d'après le quotidien de centre-gauche *Süddeutsche Zeitung*. Mais Gerhart Schröder, sous le feu des critiques, resta ferme sur ses convictions : mieux valait d'après lui un emploi faiblement rémunéré que pas d'emploi du tout ! Une telle analyse est sacrilège en France où une frange significative de la population et des dirigeants politiques préfère indemniser les chômeurs à dépérir chez eux. Il n'est pas nécessairement sûr que le système allemand soit moins efficace, ou moins juste.

Le renforcement de la compétitivité de l'Allemagne

Le second volet du plan Agenda 2010 consista à reconstituer la compétitivité de l'Allemagne, qui s'étiolait inexorablement. Les deux mots clés furent flexibilité et baisse des charges et des impôts. Venant de socialistes, cela peut paraître cocasse. Dans l'esprit du chancelier Schröder, il n'y avait aucun sujet tabou et si la négociation fut privilégiée, à la mode allemande, les décisions furent sans équivoques.

La flexibilité à tous les étages

Sur tous les grands sujets sociaux et de droit du travail, l'Agenda 2010 apportait une flexibilisation accrue. Les règles de licenciement furent assouplies dans le sens d'une plus grande contractualisation. L'entreprise, en cas de plan social, pouvait désormais choisir en son sein les « vecteurs de performance » qui seraient épargnés, même s'ils étaient parmi les moins anciens. Les durées des CDD furent portées à 4 ans pour certaines catégories d'entreprises. Les règles d'installation des artisans, très encadrées en Allemagne, furent considérablement assouplies. Les modifications contractuelles des conditions de travail furent de plus privilégiées, dans le cadre des fameux plans « compétitivité-emploi » au titre desquels salariés et patronat pouvaient négocier une réduction du temps de travail et des rémunérations en cas de baisse d'activité, plutôt que de recourir aux licenciements. Ce dernier point, accompagné massivement par l'Etat lors de la crise via de fortes subventions au chômage partiel, permit à l'Allemagne de ne pas connaître depuis 2008 la même hausse du chômage que les autres pays européens.

Baisse des charges et des impôts

Le chancelier Schröder reconnut que la compétitivité de l'Allemagne ne pourrait être restaurée sans une réflexion approfondie sur le périmètre de la protection sociale, sur son coût et sans une baisse substantielle des charges portant sur les entreprises. Ce constat fut décisif. Au début des années 2000, le coût du travail en Allemagne était environ 20% supérieur à celui de la France dans l'industrie manufacturière (24 euros de l'heure en moyenne en France contre 28 en Allemagne) et dans l'ensemble des entreprises du secteur concurrentiel, environ 10% supérieur (24 euros contre 26 euros). Sans surprise, après près d'une décennie d'augmentation substantielle du coût du travail en Allemagne, dans le sillage de la réunification et des transferts de charges massifs qui l'avaient accompagnée, l'Allemagne souffrait économiquement, avec une dégradation de son commerce extérieur (baisse de la part de l'Allemagne dans les exportations de 10,4% à 8,9% entre 1997 et 2000), une hausse du chômage.

Les mesures prises pour alléger le coût du travail furent particulièrement énergiques. Les cotisations chômages furent abaissées, progressivement, de 14,3% à 13%, suivies des cotisations maladies qui passèrent de 13,6% à 12,15%. L'impôt sur le revenu fut réduit de 25 milliards d'euros, avec une baisse du taux le plus bas à 16% (contre 19,9% auparavant) et du taux marginal à 45% (contre 48,5% avant la réforme). Pour financer ce projet, plusieurs impôts furent néanmoins relevés ou modifiés pour en élargir l'assiette. L'équivalent de la taxe professionnelle (*Gewerbesteuer*) fut élargi aux professions libérales, partant du principe qu'il valait mieux taxer les professions non délocalisables que celles qui sont ouvertes à la concurrence internationale. Les revenus du capital et les plus-values sur cessions mobilières furent également plus lourdement taxés. Quelques années plus tard, la chancelière Angela Merkel, qui avait succédé en 2005 à Schröder, devait également augmenter la TVA de 3 points, de 16% à 19%[75], dont 1 point serait alloué à la baisse des charges sociales, inaugurant la fameuse « TVA sociale » qui serait si commentée en France en 2012...

Aussi curieux que cela puisse paraître, les mesures du plan Agenda 2010 furent presque jugées timorées par les analystes lorsque le chancelier Schröder les présenta. Pour les uns, il ne s'agissait que d'un catalogue de « mesurettes » (sic) qui ne seraient pas à la hauteur de l'enjeu. Pour les autres, certes moins nombreux et essentiellement présents à la gauche du SPD (ce qui deviendrait le parti *die Linke* fondé par Oscar Lafontaine en 2005), elles allaient trop loin. Seule la loi Hartz IV devrait faire l'objet de remous plus larges. Les syndicats furent mitigés devant les propositions. D'un côté, l'addition pouvait sembler rude mais de l'autre, leur rôle primordial était reconnu et le chancelier Schröder mit l'accent sur les accords de branche, particularité forte du système allemand. Les syndicats saluèrent également les propositions visant à renforcer les investissements publics et le soutien à l'apprentissage, y compris via la menace d'introduction de sanctions financières aux entreprises qui resquilleraient.

Vu de France, où chacune des propositions du Chancelier socialiste aurait déclenché des émeutes sociales, on ne peut que reconnaître et saluer la grande maturité des Allemands. Confrontés à un déclassement économique, ils surent réagir de manière décisive et convaincue, sans reculer devant les cris d'orfraie et en acceptant, collectivement, de partager les efforts. Les effets furent presque immédiats. Comme nous l'avons vu, le taux de chômage entama dès 2005 sa décrue continue, y compris pendant la crise économique, pour atteindre 5,6% en 2012. Les parts de marché de l'Allemagne dans le commerce mondiale rebondirent fortement à près de 11%, au dessus de celle des Etats-Unis, en hausse de plus de 2 points. Les excédents commerciaux enregistrèrent des records, année après année : 155 milliards d'euros en 2010, 158 milliards en 2011.

---

[75] Notons que, comme dans la loi votée en France en 2012 par Nicolas Sarkozy et François Fillon, les produits alimentaires ne furent pas concernés par la hausse. Notons également que l'impact sur l'inflation en Allemagne de la hausse de 3 points de la TVA fut très faible : le hausse des prix passa de 0,92% à 1,17% sur la période janvier-mai 2007 par rapport à l'année précédente, soit une hausse de 0,6 points annualisée tout au plus...

Le déficit de l'assurance maladie disparut et laissa la place à un excédent de plus de 3 milliards d'euros en 2011, contre un trou de plus de 10 milliards d'euros en France.

Bien sûr, le revers de la médaille existe. Loin de favoriser l'austérité, le plan Agenda 2010 poussa à la modération salariale et cette modération fut naturellement plus forte pour les Allemands les moins qualifiés, qui assistèrent à la stagnation de leur pouvoir d'achat sur la décennie, qui n'augmenta que de l'inflation (2% en moyenne par an contre 6,2% par an en moyenne sur la période 1991-1997). Les marges des entreprises se relevèrent de façon spectaculaire, atteignant en moyenne 19,1[76]%. Ce fut le choix de la compétitivité sur les salaires, de la reconstitution de la puissance exportatrice sur la consommation, qui resta très modérée après 2003. Ce fut le choix de l'investissement, y compris public, sur la vie de cigale. Ce fut le choix du travail sur le chômage, avec sa face lumineuse (quasi plein-emploi) et sa face sombre (augmentation des mini-jobs, 1,5 millions de salariés payés moins de 6 euros de l'heure et 6,5 millions payés moins de 10 euros de l'heure avant transferts sociaux). La pauvreté a augmenté en Allemagne, c'est un fait, mais de façon modérée, avec, d'après l'office allemand des statistiques DESTATIS, 14% de la population vivant sous le seuil de pauvreté fixé à 60% du salaire médian (soit 939 euros mensuels pour une personne seule en 2009 et 1 973 pour une famille avec deux enfants outre-Rhin) contre 13% en France (954 euros mensuels pour une personne seule). Ce fut le choix de comptes sociaux équilibrés, et même excédentaires, et de la rationalisation des dépenses de santé, qui furent passées au tamis, avec des déremboursements d'actes (notamment les prothèses dentaires) et l'allégement de la carte hospitalière. Ce fut finalement le choix d'un modèle social généreux[77] mais autofinancé. Cela peut paraître audacieux pour un Français, tant nous nous sommes habitués aux déficits sans fin, mais peut-on honnêtement dire que les choix allemands ne furent pas les bons ? Avec 7 points de prélèvements obligatoires de moins que la France, les allemands ont su trouvé un équilibre entre l'efficacité économique et la

---

[76] Rendement net des fonds propres pour les entreprises allemandes non financières.

[77] A titre de comparaison, l'Allemagne dispose d'une allocation sociale de base pour les personnes sans aucun revenu de 374 euros de l'heure, contre 474 euros en France avec le RMI.

redistribution. Un équilibre pour l'heure introuvable dans notre pays…

3.5. Comment se sortir du piège de la dette : les cas suédois et canadien

Dans un autre registre, deux autres pays, proches du notre en termes sociaux, ont connu le surendettement, la perte de compétitivité économique, le déclin relatif et ont su trouver les ressorts internes pour se relever. Pour des raisons bien différentes, la Suède et le Canada se sont retrouvés au bord du gouffre il y a plusieurs années. La Suède, victime d'une crise immobilière et financière qui avait ravagé son économie et le Canada parce que, à l'instar de la France, il avait cru pouvoir dépenser sans compter de l'argent public imaginaire. Les cures dans les deux cas furent sévères, mais justes et force est de constater, efficaces.

Le Canada ou comment se relever d'une crise de surendettement en moins de 10 ans

Comme un pays qui nous est cher, le Canada avait décidé, dès les années 60, de développer son secteur public de façon rapide et inexorable, et surtout d'assurer son financement par la dette. Avec plusieurs décennies de déficit budgétaire ininterrompu depuis les années 60, le début des années 90 fut bien difficile. Les années 80 virent en effet l'explosion de la dette : de 100 milliards de dollars en 1981 à 200 milliards en 1985, puis 500 milliards en 1995 (soit 71% du PIB). Les causes étaient simples : les gouvernements successifs avaient fait fi des règles de bonne gestion budgétaire, croyant de façon dogmatique que la dépense publique créait de la richesse et permettait de soutenir la conjoncture. Il n'en fut rien bien sûr, là bas pas plus qu'ici. La dette ne créa pas de richesses et le financement du déficit ne fit que dégrader la compétitivité du Canada, dont les parts de marché dans le commerce mondial déclinaient. En 1992, le Wall Street Journal nommait le Canada membre honoraire du Tiers-Monde, sans doute dans un souci de provocation. Le choc fut rude et fut aggravé par la dégradation la même année du rating du pays, qui passait de la meilleure note AAA à AA+[78], dans le sillage d'un déficit record de 9% du PIB. Mais, contrairement à la France, le Canada

---

[78] Toute ressemblance avec des situations connues ne serait que pure coïncidence...

décida de réagir avec fierté, sans instruire le procès des marchés financiers ou des agences de notation.

En novembre 1993, le Premier ministre Jean Chrétien arriva au pouvoir avec un mandat simple : sortir le pays de l'ornière et rétablir les fondamentaux économiques. L'approche fut très pragmatique et sans aucun tabou. Comme Jean Chrétien le dit très bien, en anglais dans le texte, « nothing off the table »[79]. Périmètre de l'Etat, fiscalité, aides sociales, emplois publics, retraite, écoles – l'introspection et les réformes n'épargnèrent aucun secteur. Jugeons-en plutôt : fermetures d'hôpitaux pour éliminer les déficits des comptes de l'assurance maladie ; réduction du nombre de classes et des effectifs enseignants avec des classes passant en moyenne de 25 à 35 élèves, sans d'ailleurs que le niveau ne baisse, bien au contraire ; 40 000 suppressions de postes dans l'administration centrale, soit environ 11% du total. Chaque ministère et chaque budget furent amputés en moyenne de 10% entre les exercices 1995 et 1998, en valeur nominale. En intégrant l'inflation, la baisse fut en pouvoir d'achat public de 14% (les dépenses passant de 123,2 milliards de dollars canadiens en 1995 à 111,3 milliards en 1998). Tout ne passa pas néanmoins par la baisse de la dépense publique et Jean Chrétien adopta une règle simple : pour 6 dollars de baisse des dépenses, il augmenterait les recettes de 1 dollar via des hausses d'impôts. Ce ratio de 1 pour 6 entre impôts supplémentaires et baisse des dépenses devrait nous faire méditer en France, avec notre goût immodéré pour les impôts.

A la lecture de ces coupes sombres, on ne peut qu'imaginer avec effroi les conséquences économiques et sociales que nos amis canadiens durent endurer : grèves générales, récession majeure, effondrement du pouvoir d'achat, chômage en hausse et services publics en déliquescence... Quelle surprise alors de constater qu'il n'en fut rien ! Entre 1997 et 2007, le Canada connut une croissance moyenne de 3,3% par an, chiffre le plus élevé du G7. L'investissement tira largement cette croissance, avec 5,4% de progression annuelle. L'emploi (privé) explosa de plus de 2,1% par an, faisant plus que compenser les coupes dans les effectifs de l'administration. Et la dette publique s'effondra de 68% du PIB en 1995 à 29% du PIB en 2008 ! Le chômage fut divisé par 2 sur la même période et le Canada réussit même à renforcer massivement

---

[79] Tout est sur la table...

sa compétitivité vis-à-vis des Etats-Unis et à éviter la récession de 2001 qui heurta son grand voisin.

A la lecture de ces chiffres incontestables, on ne peut que se mettre à rêver en France. Rêver d'une approche pragmatique et de grands choix politiques mettant l'avenir de notre pays au premier plan, devant les incontournables revendications catégorielles...

La Suède ou comment se sortir d'une crise bancaire

Le cas de la Suède est différent et sans doute moins transposable en France que l'exemple canadien. Il illustre néanmoins que le volontarisme politique et la cohésion sociale permettent de se sortir de situations bien plus critiques que celle que connaît la France actuellement, en des temps record.

Après avoir dérégulé de façon un peu rapide et légère ses marchés bancaires au milieu des années 80, la Suède connut une période de croissance un peu exubérante et assez proche de celle que rencontra l'Espagne au cours des dernières années. Les taux d'intérêt étaient très bas et les investissements s'orientèrent prioritairement dans l'immobilier résidentiel et commercial, entretenant un phénomène de bulle bien classique : les investissements poussaient à la hausse des prix, qui eux-mêmes justifiaient *ex post* les investissements en augmentant – artificiellement – leurs rendements. Très en pointe dans l'innovation financière, et bien en avance sur leur temps, les suédois inventèrent même les avatars des fameux SIV (*Special Investment Vehicle*) qui feraient les beaux jours de Lehman Brothers en 2008. Ces véhicules non consolidés dans le bilan des banques achetaient les prêts immobiliers à long terme et se finançaient à court terme sur les marchés avec la garantie implicite des banques, soit exactement le contraire de ce que la bonne et saine gestion imposaient. Ce qui devait arriver arriva et en 1990, l'un de ces véhicules financiers, Nyckeln, fit brutalement faillite et menaça d'emporter tel dans un jeu de domino la totalité du secteur bancaire.

Mais, contrairement à la situation internationale en 2008, le gouvernement suédois prit immédiatement la mesure de l'enjeu et prit des décisions radicales qui allaient être décisives. Les banques furent contraintes de reconnaître immédiatement leurs pertes et de se recapitaliser massivement. Les banques solvables furent isolées de celles qui ne l'étaient plus et des sociétés de défaisance furent créées pour liquider les branches mortes en vendant à la découpe leurs actifs. L'Etat força des rapprochements entre établissements bancaires et prit le contrôle de plusieurs d'entre eux, dont Nordbanken qui reçut 10 milliards de couronne de capital frais en Novembre 1992. Puis ce fut le tour de Forsta Sparbanken, puis de Gota Bank, deux autres fleurons de l'industrie bancaire suédoise. En Décembre 1992, le gouvernement garantit les dépôts et les créances des 114 banques que comptait le pays. Toutes les garanties et injections de capital coutèrent 4% du PIB, soit près de 65 milliards de couronnes[80]. In fine, la perte fut moindre car les participations dans certains établissements purent être cédées avec des plus-values substantielles mais s'éleva quand même à 2% du PIB suédois.

Sauver le système bancaire fut une décision politique courageuse en Suède, car bon nombre de contribuables trouvèrent également discutable de renflouer des établissements qui avaient fauté. Mais que serait-il advenu de ce petit pays si l'Etat n'avait rien fait ? Le système bancaire se serait effondré en quelques semaines, pris de panique et incapable de refinancer les créances qui arrivaient à échéance. Les ménages et les entreprises n'auraient pu trouver les sources de leur financement et finalement, toute l'économie aurait été étouffée. Ce sauvetage fut très coûteux, et en 1993 les dépenses publiques en Suède dépassèrent les 72,4% du PIB ! Presque 3 couronnes sur quatre passaient entre les mains publiques en cette époque ! Depuis cette date, les gouvernements successifs, conscients du caractère fortement insoutenable de tels chiffres entreprirent tous de ramener la dépense publique dans des régions plus raisonnables. Avec succès car en 2008, le secteur public ne représentait plus que 53,8% du PIB. Seule la France faisait mieux cette année là, avec 55% du PIB…

Ces deux exemples, canadiens et suédois, illustrent que les choix politiques ont encore un sens et que des décisions d'ampleur peuvent très rapidement amener des résultats d'ampleur. On pourra toujours objecter, avec raison, que le Canada et la Suède disposaient d'un autre atout qui leur fut bien utile : la capacité de

---

[80] Ou encore 10 milliards de dollars.

déprécier la valeur de leur monnaie pour renforcer leur compétitivité. Aucun des deux ne s'en priva. Le dollar canadien dégringola par rapport au dollar américain et permit au Canada d'inonder son voisin américain de produits meilleur marché et la Suède rompit avec sa politique de change fixe et laissa la couronne se déprécier par rapport à l'euro. Les deux pays bénéficièrent également d'un environnement économique mondial favorable et purent compter sur leurs exportations pour les aider à régler les factures et à accompagner socialement les conséquences de leurs politiques. Mais, finalement, qu'en est-il en 2012 ? Le monde entier est en croissance, à l'exception de l'Europe. Le tout est donc de se raccrocher au train de la croissance mondiale et de se laisser tirer par elle, en s'allégeant des fardeaux inutiles par de belles cures d'austérité que ne renieraient ni Jean Chrétien, ni Gerhart Schröder...

3.6. La France à l'heure des choix

Il est des moments dans l'histoire d'un pays et d'un peuple que l'on sent historiques. Des moments où les choix engagent l'avenir pour des décennies, et pas simplement pour la durée de la prochaine législature. Notre pays a connu de tels instants : en 1814 lorsque Talleyrand réussit lors du Congrès de Vienne, par son audace et un tour de passe-passe dont il avait seul le secret, à faire passer la France du statut de pays défait à celui de grande puissance ; à l'après-guerre lorsque l'union sacrée permit le redressement – politique avec le général de Gaulle et économique avec l'aide, réelle, du parti communiste – et évita l'effondrement honteux, puis en 1958 lorsque le Général, toujours lui, réussit à éviter que la décolonisation et la Guerre d'Algérie n'emportent notre système politique et à refaire de notre pays l'une des principales puissances économiques et diplomatiques du monde. Sans abuser de formules emphatiques, nous connaissons aujourd'hui de tels instants, à nouveau. Comme nous l'avons vu, nos choix économiques et sociaux n'ont pas toujours été très pertinents ni cohérents et, malgré notre aveuglement, le monde a changé. Les règles économiques que nous croyions immuables parce qu'elles nous avantageaient ne sont plus et nos pleurs ou nos incantations ne les feront pas revenir. Il nous faut nous adapter à ce nouveau monde et nous avons tout pour cela – notre capital humain, nos réseaux de communication, notre positionnement géographique idéal, nos territoires d'outre-mer qui sont une chance inouïe, notre ingéniosité et également notre caractère frondeur qui nous permet, lorsque nous nous approchons de l'abîme, de refuser le déclin.

Mais pour éviter le déclassement irrémédiable et reprendre en main notre destin, un brin de pragmatisme sera nécessaire. Il n'est nullement question d'échanger une idéologie dépensière contre une autre ultra-libérale[81], qui ne sera guère plus efficace. Notre salut viendra, comme d'habitude, de l'association qui nous est chère entre l'économie de marché et l'acceptation du principe de libre-échange, et de grands choix publics et d'un Etat stratège, qui ne gère pas tout mais qui prévoit, impulse, forme, régule et protège. Notre salut

---

[81] Quoique je sois bien en peine de définir le terme « ultra-libéral » à la mode...

viendra encore d'une gestion rigoureuse des comptes publics, qui ne rime pas avec moindre solidarité, mais avec l'arrêt des déficits, le remboursement des dettes et le développement de droits nouveaux financés par des gains de productivité réels, et non par des chèques en bois. Notre salut viendra enfin de la reconnaissance et de la fierté retrouvée de notre identité, forgée par près de 2 000 ans d'histoire unique.

Un Etat qui prévoit, impulse, forme, régule et protège

La France est un pays centralisé où l'Etat est fort. On peut le déplorer lorsqu'on a un esprit libéral et la critique de l'Etat colbertiste et jacobin est tout à fait légitime. Il est peu de dire que tout ne fut pas succès en la matière. Mais l'expérience a aussi montré que si l'Etat n'est pas la source du progrès économique, il en est l'un des vecteurs et des catalyseurs essentiels. Son rôle n'est pas de fabriquer des voitures, mais de regarder de plus haut vers l'horizon et de faire les grands choix qui engagent la nation, lorsque les entreprises sont souvent focalisées sur le prochain bilan trimestriel et les consommateurs sur la fin du mois. Son rôle est de former la jeunesse pour qu'elle soit à même de défendre notre pavillon dans la compétition internationale et de reconvertir les salariés qui subissent les délocalisations, pour leur donner une nouvelle chance dans de nouveaux métiers d'avenir. Le rôle de l'Etat est de réguler l'économie, sans ajouter des normes inutiles mais en fixant l'essentiel et en faisant appliquer les règles qu'il édicte. Le Code du Travail fait 3 371 pages en France, dans son édition Dalloz, contre une vingtaine de pages en Suisse, qui n'est pas vraiment réputée comme patrie ultra-libérale... Le Code des Impôts fait 2 794 pages et a été modifié tellement souvent que plus personne n'y comprend rien. Aucun autre pays n'a été pris d'une telle fougue législative qui l'a poussé à ajouter chaque année des milliers de pages de lois et règlements, aussi inutiles que perverses car elles entretiennent l'instabilité légale lorsque le développement économique nécessite justement la stabilité. L'Etat doit enfin protéger car il est la seule relation de celui qui n'en a pas, et il est le seul qui n'a pas le droit de trahir la confiance de ses citoyens, car il est celui qui unit. Or, protéger, c'est prévoir et pas seulement distribuer à grandes eaux des subventions ou des aides publiques pour vaguement colmater les ruines de décisions économiques ou les conséquences de l'ouverture non préparée de nos frontières commerciales à la compétition internationale.

Voici quelques pistes pour retrouver l'efficacité de notre gestion publique.

Retrouver l'Etat stratège en réhabilitant le Commissariat au Plan et les grands choix sectoriels

Le Commissariat au Plan fut un instrument majeur de la reconstruction de notre pays après 1945 et la précarité de notre situation, notamment sur le plan industriel, oblige à reconstituer des outils puissants de contrôle et d'anticipation. Il ne s'agit nullement de reconstituer un nouveau comité Théodule, qui allongera la liste des organismes de réflexion payés sur fonds publics dont on ne perçoit pas toujours l'utilité, ou naturellement le Gosplan qui définissait au rouble près l'allocation des subsides publics entre les différents secteurs et le nombre de tracteurs ou de quintaux de blés qu'il fallait produire. Il s'agit de disposer d'un instrument de réflexion et d'accompagnement des décisions. L'horizon économique est à la fois très court, car il faut savoir réagir aux impondérables, aux aléas budgétaires ou de l'actualité géopolitique. Mais il est également long car il doit épouser les cycles technologiques, de plusieurs dizaines d'années et si possible aider notre pays à les domestiquer et à y exceller. Or, depuis le plan électronucléaire en France, qui date des années 70, nous peinons à trouver un seul grand plan pluriannuel ambitieux. L'Etat a abdiqué son rôle d'impulsion et de grands choix structurants, pour se perdre dans des réformes sociales ineptes comme les 35 heures ou dans une gestion au jour le jour brouillonne, sans perspectives. Le nouveau Commissariat au Plan réunirait (avec les rendements d'échelle afférents) l'actuel Commissariat, mais également le Comité du Grand Emprunt, le Conseil d'Analyse Economique et quelques autres encore. Il pourrait alors disposer à la fois d'une taille critique, d'une légitimité technique indiscutable et des moyens de propositions et de suivi de ses propositions, afin d'éviter de rester, comme souvent en France, au stade déclaratoire ou incantatoire. Ce Commissariat nouvelle forme aurait pu en effet éviter quelques désagréments et rectifier quelques choix stratégiques incohérents.

Nous avons manqué le train de l'internet en nous accrochant comme la moule au rocher du Minitel. Bien sûr, il ne serait venu à l'idée de personne de décider *ex cathedra* de créer des entreprises publiques dans le secteur des nouvelles technologies simplement pour dire quelque chose sur le sujet, mais on peut s'étonner des péripéties qui ont entouré la vente des licences 4G ou les retards coupables dans l'équipement du territoire en fibres optiques pour diffuser l'internet à très haut débit. Il y avait en mars 2012 un peu plus de 655 000 abonnés au très haut débit en France contre 22 millions au Japon, 17 millions en Chine, 10 millions en Corée du Sud, ou même 4,5 millions en Russie ! Nous avions la chance de disposer dans ce secteur de grandes entreprises performantes telles qu'Alcatel, Bouygues ou France Telecom, en pointe dans les réseaux. Il ne manquait qu'un peu d'ambition et quelques aides publiques pour lancer la machine. Vu le niveau des déficits budgétaires, peut-on penser que cela n'aurait pas mieux valu le coup de recouvrir la France de fibres optiques que de payer plusieurs dizaines de milliards d'euros pour financer les 35 heures ?

Nous avons largement loupé le train des biotechnologies, qui ne manqueront pas d'être l'un des secteurs majeurs du 21ème siècle. Sans parler des OGM, que certains lobbys refusent obstinément sous quelque forme que ce soit, en célébrant les fauchages volontaires par des énergumènes fanatisés, il convient de noter que nous ne sommes pas réellement en pointe ni dans la pharmacogénomique, ni dans les études sur les cellules souches. C'est à peine si nous nous illustrons dans les thérapies géniques. Et encore, fidèles à notre tradition, nous brillons en recherche fondamentale et sommes incapables d'industrialiser les découvertes, attendant que des start-ups américaines, britanniques ou israéliennes viennent profiter de nos savoirs.

Alors que nous avons été pendant des décennies en tête des innovations dans le secteur de l'énergie, nous avons, en l'espace d'une vingtaine d'années, transformé notre avance en retard. Nous nous sommes, pour des raisons totalement idéologiques, tirés une balle dans le pied en refusant obstinément d'entendre parler de la production de gaz de schiste. Dans un souci légitime d'éviter tout risque écologique, nous avons décidé de geler toute exploitation, même sous la plus stricte supervision. Mieux vaut sans doute continuer à dépendre du bon vouloir des exportateurs de gaz naturel, ruiner notre balance commerciale et abandonner toute souveraineté énergétique en la matière. Alors que nos concitoyens ne peuvent plus toujours se chauffer en raison de l'explosion des prix du gaz, indexés sur les prix du pétrole, nous assistons, ébahis, à la chute de ces mêmes prix aux Etats-Unis, qui ont fait le choix de développer massivement l'extraction domestique. 20% du gaz consommé outre-Atlantique est du gaz de schiste et cette proportion devrait s'élever à 50% d'ici 2035. Le résultat est simple : le gaz coûte 5 fois moins cher aux Etats-Unis qu'en France, environ 2 dollars le million de BTU[82] contre l'équivalent de 10 dollars en France, sur le marché de gros. 65 millions de foyers américains qui se chauffent au gaz font une économie de 20 milliards de dollars chaque année, dans le sillage des prix du gaz qui ont été divisés par 6 depuis la mi-2008 (de 13 dollars à 2 dollars par million de BTU) ! Sur le segment des énergies renouvelables, nous avons fait le choix simple de n'être pas présents, jusqu'au fameux Grenelle de l'Environnement en 2007. Mais partant de si loin, et sans une réelle filière industrielle qui permette d'internaliser la totalité de la valeur ajoutée, nous avons comblé une partie de notre retard en termes d'installation (triplement des surfaces de panneaux solaires entre 2007 et 2010) mais à un coût prohibitif en termes de kWh et surtout en faisant la fortune de la Chine, qui produit les 9/10èmes des panneaux photovoltaïques au monde... Enfin, comment ne pas dire un mot de notre filière électronucléaire ? Cette industrie de pointe assure depuis 30 ans notre indépendance énergétique (dans la production électrique), permet à la France d'afficher les prix de l'électricité parmi les plus bas d'Europe (30% inférieurs à la moyenne européenne) et de figurer parmi les meilleurs élèves en matière d'émission de gaz à effet de serre. Autant de raisons, bien entendu, de crier haro sur l'énergie nucléaire, simplement parce que d'autres filières technologiques que les nôtres ont subi des accidents graves (Tchernobyl[83], Fukushima). Les professionnels de l'antinucléaire, obnubilés par leur croisade mystique, oublient parfois que les dégagements de gaz à effet de serre entraînent des centaines de milliers de décès chaque année en France et dans le reste du monde, liés à des pathologies respiratoires, aux conséquences des

---

[82] British Thermal Unit, mesure internationale de volume de gaz, qui correspond à 28 mètres cube. Le prix américain de référence est le Henry Hub, du nom d'un point focal du réseau de distribution en Louisiane.

[83] La centrale de Tchernobyl était en effet de la filière graphite-eau légère alors que les réacteurs français sont issus de la filière à eau pressurisée.

changements climatiques... Ils oublient également que les principales catastrophes industrielles du monde n'ont pas été liées à l'industrie nucléaire, mais à l'industrie chimique. Tout le monde se souvient de l'explosion de l'usine *Union Carbide* à Bhopal, en Inde. Les bilans les plus optimistes font état de 20 000 morts, après la catastrophe ou liés aux maladies respiratoires ou de peau dans les années qui ont suivi. En comparaison, l'accident de Fukushima, entraîné par un tsunami sans précédent qui a inondé les installations de refroidissement des réacteurs de la centrale, a causé l'irradiation de 30 personnes (exposition supérieure à 100 milli-sieverts)... Nul ne prétend que l'industrie nucléaire ne soit pas potentiellement dangereuse. Mais les mesures de protection physique, industrielles et de sécurité autour de ces centrales sont sans équivalent dans l'industrie. Ces centrales sont des investissements à très long terme, et doivent évoluer. La troisième génération (le fameux EPR) est actuellement en construction, notamment sur le site de Flamanville, dans la Manche. La quatrième génération (dite à neutrons rapides) est encore au stade de recherche mais représentera un saut encore plus spectaculaire en assurant notre indépendance énergétique pour les prochains millénaires[84], en exploitant l'Uranium 238 abondant dans la nature ! Cette industrie est l'un des rares fleurons industriels de notre pays, et elle permet d'assurer notre souveraineté énergétique et de réduire les émissions de gaz à effet de serre... Peut-on alors adopter une approche rationnelle des problèmes et reconnaître cette force de notre pays, au lieu de choisir, comme souvent, de nous tirer une balle dans le pied par idéologie ?

Plus terre à terre, si l'on peut dire, est la performance française dans le secteur portuaire. Alors que 80% du commerce international se fait par mer, et croît à un taux de près de 10% par an pour les conteneurs et 8% pour les hydrocarbures, la France a fait le choix de laisser tomber ses ports, jusqu'à la réforme de juin 2007 qui revoyait le statut des ports autonomes. L'abandon des ports avant cette date ne fut pas une décision administrative, mais simplement le résultat d'une forme de complaisance envers la cogestion de certains grands ports autonomes par certains syndicats, dont la CGT. C'est ainsi que le port de Marseille-Fos, idéalement placé, merveilleusement desservi par un réseau dense de transports routiers, fluviaux et

---

[84] Et en permettant aussi de « brûler » le plutonium (et ainsi d'éviter qu'il ne tombe entre de mauvaises mains) et les transuraniens à très longue durée de vie...

ferroviaires, est en chute libre dans les classements européens (perte d'un tiers de sa part de marché au total et la moitié sur les conteneurs en Europe depuis 1990, alors que le marché a progressé de 14,5% par an en moyenne en Méditerranée), avec moins de 80 millions de tonnes de fret contre 346 pour le port de Rotterdam, 140 pour le port d'Anvers ou 95 pour le port d'Hambourg... Notre positionnement géographique, notre ouverture sur 3 mers (Méditerranée, Atlantique et Manche) et la configuration même de nos ports, disposant de vastes surfaces inexploitées jusque dans l'arrière-pays lorsque les autres grands ports européens sont très contraints en termes géographiques est un gâchis, qui se paie en milliers d'emplois directs et en dizaines de milliers d'emplois induits dans le secteur de la logistique. Mais tout le monde n'y a pas perdu, et notamment pas les dockers dont le temps de travail effectif est inférieur à 14 heures par semaine, pour des rémunérations supérieures à 4 500 euros par mois... Alors que le commerce international ne fera qu'augmenter, l'Etat aurait du se concentrer plus tôt et plus fort sur le secteur stratégique de la logistique, en exploitant les atouts physiques exceptionnels de notre pays.

Ce même Etat stratège aurait pu identifier une autre lacune grave de notre pays, à savoir son absence de fonds d'amorçage et de venture capitalistes dignes de ce nom. Ce qui fait la puissance incontestée de la Silicon Valley, ce n'est pas le soleil et la proximité de la mer. C'est l'association inédite entre des centres de formation de tout premier plan (Stanford, Berkeley, UCLA, Caltech), des entreprises de hautes technologies déjà établies et un maillage très étroit de fonds d'amorçage qui prêtent plusieurs millions de dollars à des start-ups toutes jeunes pour les aider à croître rapidement. Simplement au dernier trimestre de 2011, les fonds de *venture capital* ont investi 30 milliards de dollars aux Etats-Unis, avec un ticket moyen de 7 millions de dollars. En année pleine, nous dépassons à peine les 800 millions d'euros en France, soit la moitié des montants levés au Royaume-Uni ou encore 20% de moins qu'en Israël, qui compte 7 millions d'habitants. Dans notre pays, nous comptons à peine 7 000 *business angels*, selon les décomptes officieux, contre 40 000 au Royaume-Uni et 400 000 aux Etats-Unis... Et il convient de remarquer que les fonds proposés en France par les *business angels* sont autour de 7 500 euros par projet et d'environ 50 000 euros par an, somme comme par hasard calquée sur les plafonds de défiscalisation de l'impôt de solidarité sur la fortune... On ne crée pas une start-up avec 7 500 euros malheureusement...

L'Etat qui forme et qui régule

Parfois, les meilleures décisions économiques sont celles qui consistent à ne rien devoir décider mais à s'assurer que le cadre mis en place permet à chacun de s'épanouir. C'est notamment vrai pour l'action publique. L'Etat, pas plus que la Commission européenne n'ont à s'occuper du bien-être des poulets (cf. infra) ou du calibre des tomates, mais ils ont à assurer la meilleure formation des jeunes esprits pour les préparer à l'avenir et à établir un corpus de règles qui seront d'autant plus efficaces qu'elles seront appliquées.

En matière d'éducation, nous péchons dans deux segments clés, à savoir l'enseignement supérieur et la formation professionnelle, notamment des chômeurs. C'est donc là qu'il faut porter l'effort. Le cas de la formation professionnelle, nous l'avons vu, n'est pas une question de moyens. Avec 30 milliards d'euros par an, il y a de quoi faire. Le problème est double : quels choix et priorités de formation et quel pilotage ? Comme le bon sens le voudrait, les principaux bénéficiaires de la formation professionnelle devraient être les chômeurs en état d'échec ou de reconversion lourde, qui devraient pouvoir obtenir de nouvelles formations qualifiantes qui leur donneraient une nouvelle chance dans la vie. C'est loin d'être le cas et, alors que 40% des chômeurs le sont depuis plus d'un an, ils ne sont que 10% à bénéficier d'une formation chaque année. C'est très insuffisant. Mais c'est surtout très difficile à changer dans l'état actuel de l'organisation de la formation professionnelle, qui échappe presque entièrement à l'Etat. En effet, nul chef d'orchestre ici, mais une stratification souvent incohérente de collectivités locales, d'organismes publics (AFPA par exemple), d'organisations syndicales et d'entreprises. Or, depuis une quarantaine d'années que ce dispositif existe, suite à la loi de 1971, force est de constater qu'il ne fonctionne pas et qu'au contraire, il a donné naissance à des dérives et des gaspillages. Le dossier du pilotage de la formation professionnelle doit donc être réglé au plus vite, avec pour objectif de réduire au maximum les frais de gestion, de coller au plus près des besoins du terrain et de prendre un petit peu de hauteur pour évaluer, à l'avance, les perspectives économiques et les secteurs porteurs vers lesquels orienter les bénéficiaires de contrats de reconversion. Nul autre que l'Etat ne peut assumer ce rôle même si le paritarisme peut aussi assurer une efficacité micro-économique, en complément et à la marge.

L'enseignement supérieur doit également être repensé, en mettant au cœur de la réforme l'accroissement des moyens pédagogiques et l'orientation des étudiants en amont. Il n'est pas anormal que les étudiants soient davantage mis à contribution. Faire des études supérieures est une chance et un investissement, qui devrait être assumé à égalité entre la collectivité et l'étudiant qui en bénéficie, si ses moyens le permettent. Cela permettrait d'améliorer les conditions de travail des étudiants, de faciliter leur intégration professionnelle, de disposer de bibliothèques dignes de ce nom et, comble de l'audace, ouvertes le week-end (la bibliothèque *Widener*, l'une des 90 de l'université de Harvard et sa principale, compte 15 millions d'ouvrages ; celle de l'Université de Yale, aux Etats-Unis, dispose de 11 millions d'ouvrages quand celle de la Sorbonne en possède 2,5 millions en comptant les périodiques et 400 000 livres anciens), d'attirer les meilleurs enseignants et simplement de proposer des conditions dignes des meilleures universités étrangères. Et cela permettrait également d'aligner les intérêts de chacun. En payant, l'étudiant serait moins tenté par le papillonnage et le dilettantisme, qui, s'il n'est pas général, existe bel et bien. Il serait également incité à choisir de façon avisée la filière dans laquelle il s'engage, car il partagerait le coût que la collectivité investit dans son cursus. Inutile de préciser qu'un *numerus clausus* devrait être institué dans chaque formation universitaire, revu annuellement de façon prospective en fonction des besoins estimés de l'économie. Ce *numerus clausus* devrait naturellement être accompagné d'une sélection à l'entrée dans les filières. Cette idée choque en France, mais elle se pratique partout ailleurs, et notamment dans les filières qui permettent le mieux d'intégrer les étudiants dans la vie professionnelle curieusement – il est aussi légitime de s'interroger sur une relation de cause à effet... Il ne serait pas impossible de s'engager dans une filière au-delà du *numerus clausus* car la liberté universitaire est précieuse. Mais l'inscription serait alors plus onéreuse et les bourses ne seraient plus disponibles.

L'Etat qui protège

Pour beaucoup de nos concitoyens, le monde nouveau fait peur et l'avenir est plutôt synonyme d'angoisse que d'espérance. Dans la version 2011 du sondage annuel de l'institut *Gallup International* mesurant l'état d'esprit de la population, la France se classe dernière, loin derrière l'Irak ou le Nigéria où des massacres ont pourtant lieu régulièrement. Selon Gallup, 80% des Français interrogés, gagnant tous entre 1 800 et 2 500 euros nets par mois dans l'échantillon[85], pensent que l'année 2012 ne saurait être que plus dure que l'année 2011. Dans le même esprit, le baromètre Ipsos *The Economic Pulse of the World* mettait la France en dernière place sur les 24 pays interrogés. Seuls 3% des Français estimaient que la situation allait s'améliorer à l'avenir, contre 71% des habitants du Brésil, pays le plus inégalitaire du monde et dont le revenu par habitant ne dépasse pas le tiers de la France, ou encore 64% des Allemands, 69% des Indiens ou 73% des Suédois ! Les Français ont un sentiment de déclassement et la conviction que le tourbillon de la mondialisation ne saurait que les emporter. Tous les sondages illustrent que cette défiance se cristallise sur les autorités publiques, à commencer par la Commission européenne et l'Etat. L'une comme l'autre, pour beaucoup, ont failli à leur rôle.

Cette faillite ne vient pas, pour l'Etat, d'un défaut de notre système de protection. Comme nous l'avons vu, ce dernier est plutôt victime de son propre succès. En protégeant les individus des accidents de la vie (chômage, maladie) et parfois de la fatigue liée au travail (voir les 35 heures), il a surtout mené à une politique de loisirs et de farniente. Pourquoi faire des efforts en effet lorsque l'Etat Mama veille, réduit le temps de travail à salaire identique, maintient la retraite à 60 ans malgré l'allongement de l'espérance de vie, augmente la prime de rentrée scolaire et propose des primes de Noël aux chômeurs, payées à crédit naturellement – et le tout en laissant croire qu'il ne sera pas utile d'augmenter les impôts des classes moyennes et populaires, car les riches et les entreprises paieront la note. En cherchant à protéger les plus fragiles et les classes moyennes, l'Etat a failli. Son incurie a entraîné 1 700 milliards de dettes qui sont, avec le chômage, le sujet d'angoisse numéro un *ex æquo* des Français. Et ils ont bien raison, car le temps est venu de régler les ardoises.

---

[85] Donc des Français de la classe moyenne.

Réorganiser la puissance publique autour de la protection est essentiel, mais il convient de bien définir ce que « protéger » veut dire. La première des protections est naturellement liée aux missions régaliennes de l'Etat (sécurité aux frontières, de nos intérêts vitaux grâce à notre armée, des personnes et des biens grâce aux forces de police et de gendarmerie et à la justice) – l'honnêteté oblige à reconnaître qu'il y a beaucoup à faire, sans que ce ne soit d'ailleurs uniquement une question de moyens. Mais ce thème dépasse le cadre de cet ouvrage. La protection dont une part croissante de Français s'estime privée est une protection sociale et économique. Toutes les statistiques montrent que le déclassement économique et la pauvreté ont deux causes essentielles : le chômage et le sous-emploi, c'est à dire le travail à temps partiel non désiré. Par conséquent, lutter contre l'insécurité sociale consiste en priorité à lutter contre le chômage et à augmenter le temps de travail de ceux qui ont un emploi ! Exactement le contraire de ce qui a été fait pendant des décennies. Un corolaire de cette approche consiste de plus à renforcer la confiance des administrés envers la conduite de la politique économique, en fixant des objectifs clairs et en plaçant, dans le cadre des règles internationales, la sécurité des concitoyens au cœur des préoccupations. De ce point de vue, l'approche libérale dogmatique de la Commission européenne, fondée à poursuivre sans relâche les « entraves » à la concurrence à l'intérieur des frontières de l'Union, mais bien peu diserte à l'extérieur, a simplement consisté à nous tirer collectivement une rafale dans chaque pied.

Les échanges internationaux devraient être organisés sur une base de réciprocité, et non sur le mode du concours de qui lave plus blanc, ou est le plus libéral. Le libre-échange est un formidable vecteur de progrès économique, mais comme nous l'avons vu, il doit être organisé afin d'assurer le juste partage du « surplus » économique et afin d'éviter les politiques de dumping. Ainsi, imposer des règles tatillonnes à nos entreprises en matière de concurrence, de droits environnementaux, d'étiquetage des produits ou autre en France et en Europe et ouvrir aux quatre vents les frontières de l'Union à des produits étrangers moins disant est tout simplement absurde. Exiger l'ouverture complète des marchés publics en Europe aux compétiteurs étrangers alors que la plupart des grandes puissances économiques imposent des restrictions ou des mesures protectionnistes est plus que discutable et moins que juste et efficace. Cela n'aboutit qu'à dégrader la compétitivité de nos entreprises dans les échanges internationaux et à discréditer les autorités publiques. Alors bien sûr, les propositions de campagne de Nicolas Sarkozy de remédier, y compris de façon unilatérale, à ces manques de réciprocité, ont attiré les quolibets et les cris d'orfraies des experts de l'indignation. Au son de « pourquoi ne l'a-t-il donc pas fait plus tôt ? », certains ont préféré ne pas le faire tout court...

La caricature de ces décisions administratives peut être trouvée dans les dernières directives européennes sur le bien-être des poulets (sic). Si leurs conséquences n'avaient pas été aussi terribles sur notre filière agroalimentaire, elles auraient presque donné à sourire. Afin de permettre aux poulets de mieux vivre, objectif louable en soi et qui justifie d'y consacrer plus de temps qu'au bien-être des êtres humains naturellement, la Commission européenne, dans sa grande sagesse, a estimé qu'un minimum de surface au sol était nécessaire pour chaque volatile (33 kg / mètre carré pour les poulets destinés à la casserole ou, pour les pondeuses, 750 cm² d'espace vital et un perchoir de 15 cm par cage, soit une mise au normes de 15 euros par poule). Hélas, par un hasard malencontreux, il s'est avéré que mettre moins de poulets au mètre carré entraînait une moindre production par exploitation ou la nécessité d'investir massivement dans de nouveaux hangars à poulets, ou encore de mettre la clé sous la porte et de voir le prix des œufs s'envoler. C'est ainsi que la filière de volaille française, incapable de trouver les financements pour s'adapter en pleine crise économique, a perdu près de 7% de sa production en 2012, l'équivalent de 27 millions d'euros de chiffre d'affaires et de 600 emplois... Rassurons-nous, le consommateur a partagé le sort funeste des producteurs, car mis à part une hausse de 75% du prix des œufs, la quasi-totalité de la baisse de production française de carcasses de poulet (50 000 tonnes sur 750 000 tonnes) a été compensée par des importations plus coûteuses... Beau succès : du chômage en plus, des déséquilibres de la balance commerciale en plus, un coût plus élevé pour le consommateur et la collectivité... Cet exemple peut sembler trivial, mais peut-on s'étonner qu'il laisse un arrière goût amer ou de défiance envers les autorités publiques et communautaires ?...

Le moyen de recouvrer notre liberté et notre souveraineté : rembourser nos dettes !

La souveraineté n'est pas affaire de slogans ou d'incantations. On peut décréter la souveraineté économique, mais lorsqu'on ne peut régler les ardoises que grâce à l'aimable entregent des marchés financiers, on se paie de mots. Avec un déficit primaire de son budget depuis belle lurette, la France n'est plus totalement souveraine. Pour le profane, un déficit budgétaire primaire, c'est le solde du budget de l'Etat si d'aventure on lui supprimait toute sa dette. Donc, avant même le service de la dette, qui représente 49 milliards d'euros en 2011, rien de moins, la France est en déficit et ne peut donc payer, seule, avec les impôts pourtant bien lourds, les salaires des fonctionnaires, les pensions de retraite des anciens fonctionnaires et les dépenses sociales de l'Etat. En 2011, malgré les efforts d'assainissement, ce déficit primaire s'élevait à quelques 46,8 milliards d'euros. Et il convient naturellement d'y ajouter le déficit des comptes sociaux. Là encore, la réalité sans fard est que nous pouvons rembourser les dépenses de santé de nos concitoyens uniquement grâce aux marchés financiers, qui, achètent bien volontiers – encore – les obligations émises par la Caisse d'Amortissement de la Dette Sociale (la CADES). Mais il est si commode de montrer du doigt ces fameux marchés lorsqu'ils continuent, malgré les critiques, à combler les trous de notre gestion impécunieuse…depuis 38 ans…

Ainsi, la meilleure – et la seule – décision de souveraineté ne consiste pas à sortir de l'euro, qui mènerait à une catastrophe inédite, mais à rembourser nos dettes et à réduire nos déficits. Pour réaliser cette gageure, rien de plus simple : il suffit de trouver environ 100 milliards d'euros – une bagatelle s'élevant à 5,2% du PIB à la fin 2011. Et pour cela, il n'y a guère que deux choix raisonnables : réduire les dépenses publiques ou augmenter les impôts de ce montant de 100 milliards d'euros. On pourra toujours arguer qu'une troisième voix existe, en écho à certaines incantations entendues lors de la campagne électorale de 2012, à savoir attendre, comme sœur Anne, que la croissance nous aide à ne rien décider. Hélas, les perspectives économiques les plus optimistes tablent sur une croissance inférieure à 1% en 2012 et sans doute guère plus en 2013. 100 milliards d'euros ! Pour rendre les choses plus tangibles pour le lecteur, il suffit, si l'on peut dire, de mobiliser l'équivalent de tout le secteur de l'agriculture (4,5% du PIB en 2011) et du secteur automobile (un peut moins de 0,8% du PIB). Et tout cela, non pas pour préparer l'avenir, améliorer les qualifications des chômeurs, investir dans des infrastructures, mais simplement pour équilibrer le budget de l'Etat et ne plus dépendre des infâmes marchés financiers. Il est des réalités qui font frémir, hélas. C'est sans doute la raison pour laquelle on les cache, d'ailleurs.

La plupart des autres pays européens et les Etats-Unis sont touchés de façon semblable, victimes de la crise économique sans précédent qui a touché le monde occidental depuis 2008. Tous ces autres pays sans exception ont engagé des réformes d'envergure pour assainir leurs comptes publics, qu'ils soient dirigés par des sociaux démocrates ou des partis conservateurs. Et dans tous ces pays, si des hausses d'impôts ont été votées, l'essentiel des mesures d'ajustement budgétaire ont été des réductions de dépenses. Naturellement, avec 45% de prélèvements obligatoires en 2012 par rapport au PIB, la France dispose, comme diraient certains responsables politiques sans rire, « d'énormes marges d'augmentation des impôts »... Pour s'en convaincre, passons quelques instants sur la fiscalité française.

Nous sommes vice-champion d'Europe de la fiscalité, derrière le Danemark. Grâce à notre obstination à augmenter les impôts, même la Suède a été distancée... L'essentiel de ces prélèvements obligatoires, soit environ 40%, sont des cotisations sociales affectées aux dépenses de sécurité sociale. Nous n'y revenons pas. Le solde est composé d'impôts directs (impôts sur le revenu, sur le bénéfice des sociétés, ISF, CSG), d'impôts indirects sur la consommation (TVA, Taxe Intérieure sur les Produits Pétroliers, taxe sur les alcools, taxe sur le tabac et quelques centaines d'autres aussi insolites que la taxe sur les navettes touristiques – 1,2 millions d'euros de recettes quand même, sur les eaux minérales, sur les photocopieuses et imprimantes – 32 millions d'euros, sur les péniches – 1 million d'euros, la taxe archéologique – 77 millions d'euros payés par les maîtres d'ouvrage, taxe sur les fruits et légumes[86] – pour 16 millions d'euros...) et taxes locales (taxe d'habitation, taxe foncière, droits de mutation). Au total, un peu plus de 510 milliards d'euros en 2010, affectés aux collectivités locales et à l'Etat.

---

[86] Taxe assise sur toutes les plantes aromatiques à usage culinaire, à l'exception des pommes de terre et des bananes – Dieu soit loué !

Sur ces 510 milliards, l'impôt sur le revenu, le plus célèbre et symbolique car il reste payé sur un mode déclaratif en France, alors que presque tous les autres pays sont passés à la retenue à la source, rapporte 47 milliards environ. Depuis 2002 et plus encore depuis 2007, nous avons tous compris, à l'écoute du matraquage médiatique, que cet impôt était payé essentiellement par les pauvres et les classes moyennes, alors que les plus privilégiés parvenaient habilement à s'y soustraire. Réalité devenue d'évidence, mais qui est toutefois totalement fausse. En 2010, il y avait 36 599 197 foyers fiscaux en France (chiffres du Ministère des Finances) et parmi eux, seuls 19 595 631 étaient imposables. Par conséquent, seuls 53% des foyers fiscaux payaient l'impôt sur le revenu. Quelle surprise alors d'apprendre que, parmi ces foyers imposables, les 10% de plus favorisés payaient 80% de l'impôt alors qu'ils ne représentaient que 36% des revenus totaux (seuil pour appartenir à ce club fermé : 57 900 euros par an, soit 4 825 euros imposables par mois). Plus encore, quelle stupéfaction d'apprendre que les 1,5% les plus fortunés payaient à eux-seuls 41,5% du total de l'impôt sur le revenu alors qu'ils n'avaient perçu que 15% des revenus totaux (seuil pour appartenir à ce club encore plus prestigieux : 94 000 euros par an, soit 7 830 euros pas mois[87]). Difficile de prétendre, à la lecture de ces chiffres, que la machine redistributrice ne fonctionne pas en France... Elle est même confiscatoire pour tous ceux qui n'ont que le revenu de leur travail pour vivre et qui ne disposent pas d'un patrimoine suffisant pour organiser quelques optimisations que notre code fiscal, fort de 2 700 pages, autorise. On ne peut donc que frémir d'effroi en imaginant quel alourdissement de la fiscalité directe pourrait être entrepris si d'aventure cette voie était privilégiée par rapport à la baisse des dépenses.

La réalité nous force donc à dire qu'il n'y a aucune marge de manœuvre en matière de fiscalité. A peine pouvons-nous réallouer les impôts et liquider quelques niches fiscales peu efficaces. Là, bien sûr, il n'y a que l'embarras du choix, mais les gains seront symboliques. L'inspection des finances, que je connais un peu, a recensé 538 niches en France, dans un rapport récent de 6 000 pages. Parmi elles, que penser de l'exonération pour jeune chanteur, censée aider fiscalement celui qui vend moins de 100 000 disques (3

---

[87] Rappelons qu'un joueur de football d'un club de première division gagnait en moyenne 45 321 euros par mois en 2011 et qu'un joueur de deuxième division dépassait, en moyenne, les 7 000 euros par mois.

millions d'euros par an), celle pour l'obtention de la médaille du travail (5 millions d'euros par an), pour la déduction sur l'achat de l'œuvre d'un artiste vivant (3 millions d'euros qui ont bénéficié à 75 artistes en 2010), pour le déneigement (15 millions d'euros répartis de façon aléatoire parce que la formule d'application contient une erreur qui n'a jamais été corrigée)...

Il y en a en revanche beaucoup de marges de manœuvre en matière de dépenses publiques et c'est là, sans surprise, que les pays européens ont porté l'effort. Nous avons parlé des dépenses sociales, notamment de santé, où des progrès considérables sont possibles en améliorant le service aux citoyens (une trentaine de milliards à l'hôpital et en rationalisant les frais de gestion). Nous pouvons également réduire de façon substantielle les aides sociales aux entreprises en revenant simplement sur la loi sur les 35 heures (entre 12 et 23 milliards d'euros d'économie). Avec un mouvement exactement opposé à celui entrepris en 1997, les salariés seraient payés 39 heures pour 39 heures de travail. C'est ce qui se passait en France il y a une quinzaine d'années et, malgré la fatigue compréhensible liée à ces 4 heures de travail en plus, on survivait... On pourrait encore réduire l'emploi public d'un petit million, en revenant simplement aux effectifs sous Lionel Jospin, en 1997 (une quarantaine de milliards d'euros d'économie). Personne n'a le souvenir que la France était sous-administrée à l'époque. Et nous pouvons sabrer, parce qu'il n'y a pas d'autres mots, dans les subventions clientélistes à des associations inutiles (1,2 milliards d'euros rien que sur le budget de l'Etat, ou encore 203 millions versés par la Mairie de Paris, chiffre en hausse de 50% en 10 ans[88] – peut-on imaginer qu'il n'y ait pas de marges de manœuvre ?) ou d'autres fantaisies comme les subventions au permis de conduire. Là encore, cela peut sembler accessoire et léger, mais que penser de cette décision démagogique visant à payer, sur fonds publics, le permis de conduire de quelques heureux jeunes gens, choisis – presque – au hasard. Les analyses ont montré, sur un échantillon de plusieurs centaines de jeunes, que ceux qui avaient été ainsi subventionnés échouaient tout autant que les autres à l'examen, mais également qu'ils s'inséraient moins bien que les autres sur le

---

[88] Là aussi, il faut avoir de l'humour : aide aux conchyliculteurs de Normandie pour la fête de l'huitre, pour l'étude sur le canard fuligule milouin du lac des Minimes, ou encore pour le MRAP, SOS Racisme ou la Licra... Nulle trace de clientélisme naturellement...

marché du travail, à qualifications identiques… Le parti pris qui consistait à régler la note du permis, pour aider les jeunes à trouver un emploi, est encore un échec.

Pour se convaincre que la baisse des dépenses est la seule voie possible, sans idéologie aucune, faisons un tour d'Europe. En Belgique, pays dirigé par une coalition socialiste, le gouvernement envisage de réaliser 11,3 milliards d'euros en 2012, pour l'essentiel grâce au gel des dépenses de fonctionnaires. L'Autriche a lancé un plan de 27 milliards d'euros. Là encore, l'essentiel des économies proviendra de la modération salariale et de fermetures d'hôpitaux, ainsi que de la mise à contribution des collectivités locales qui devront baisser leurs dépenses de 5 milliards. Le Portugal a prévu de supprimer les 13ème et 14ème mois, ainsi que la prime de Noël dans la fonction publique (sic), dont les effectifs baisseront au rythme du fameux « 1 sur 2 » ! En Italie, ce sont encore 30 milliards d'euros d'économies qui ont été décidées par le gouvernement de Mario Monti sur la période 2012-2014, qui s'ajoutent aux 54 milliards déjà votés, essentiellement grâce au gel du salaire des fonctionnaires, à l'allongement de l'âge de départ à la retraite à 67 ans pour les hommes, à 5 milliards d'euros d'économie dans les régions et 2,5 milliards dans le secteur de la santé. En Espagne, en Irlande, au Royaume-Uni encore, tous les pays ont taillé à la serpe dans les dépenses publiques, faute d'avoir pris des mesures d'ajustement à temps. Tous envisagent ou réalisent également des hausses d'impôts. Mais, contrairement à la France, ils disposent encore de – quelques – marges de manœuvre en la matière… Le taux de prélèvements obligatoires en Espagne est inférieur à 36% du PIB ; il est de 36% au Royaume-Uni, de 41% en Italie, contre presque 45% en France…

La fierté de notre histoire et de notre identité

Le terme identité fait parti, comme tant d'autres, de la liste interminable des mots tabous, honnis, proscrits, interdits. Le prononcer ou l'écrire aujourd'hui équivaut presque à signer son appartenance aux franges les plus sombres de notre corps politique, sous le regard vigilant d'associations de lutte contre le racisme auto-investies gardiennes du temple des rapports humains. Curieux paradoxe de refuser la reconnaissance de notre identité propre alors que l'antiracisme est, par définition, l'acceptation de l'autre tel qu'il est, et donc dans ce qu'il a de différent de nous. Si nous ne nous définissons plus, comment connaître et reconnaître l'autre ? Et si nous ne nous définissons plus, comment maintenir l'unité de notre nation dans le grand bain de la mondialisation ?

Lorsqu'un étranger visite notre pays – et ils sont 82 millions chaque année à nous faire cette amitié – il ne tarde pas à reconnaître que la France est un pays particulier, différent de ses voisins. Nous partageons naturellement la même civilisation et les mêmes racines judéo-chrétiennes que nos amis européens et nous pouvons invoquer notre histoire commune, des grandes figures partagées et de grandes dates qui parlent à tous. Nous avons choisi une communauté de destin à l'après-guerre et ce choix s'est fondé sur une identité commune. Mais nous ne sommes pas l'Italie et nous ne sommes pas l'Allemagne. Nous sommes la France. Derrière le truisme, se cachent à peine de vastes traits de caractère qui font notre spécificité. Notre histoire est irrémédiablement attachée à deux facettes opposées, mais que nous ne pourrons jamais nier. Il y a d'une part notre tempérament belliqueux, qui nous a fait affronter nos voisins plus souvent qu'à notre tour, qui nous a amené à conquérir l'Europe, puis une partie du monde, avec le lot de barbarie dont les peuples en guerre sont capables. Et il y a d'autre part notre culture et notre tradition humaniste, de la Renaissance aux Lumières, de la Déclaration des Droits de l'Homme à notre accueil généreux des femmes et des hommes qui sont persécutés pour leurs idées dans leur pays. Ces deux faces d'un même visage expliquent l'ambiguïté de notre histoire et les sentiments ambivalents que son étude soulève. Notre pays fut le promoteur du commerce triangulaire et la patrie de Victor Schœlcher, fut celui qui ravagea Heidelberg lors du sac du Palatinat et qui sauva le temple d'Abou Simbel et reconstruisit le temple d'Angkor. Cette ambiguïté se retrouve vis-à-vis de la colonisation, qui fait partie intégrante de notre histoire et qui ne fut ni le crime contre l'humanité que l'on voudrait instruire aujourd'hui, ni une simple promotion des idées de progrès à des territoires lointains. L'histoire et notre génie nous ont mis du bon côté du développement humain, à la pointe des arts, des sciences et du progrès. Comment oublier que Voltaire, Hugo, Molière, Diderot, Pascal nous ont tous précédé sous le drapeau français, ni que Léonard de Vinci a fini ses jours à Amboise, hôte de marque de François Ier.

Le rejet de notre identité et de nos valeurs est une faute majeure, que rien ne peut justifier. Mais c'est surtout une erreur économique et sociale, qui explique largement le désarroi qui étreint notamment les français les plus modestes devant le vertige de la mondialisation. La perte de repères culturels, au moment où d'autres pays ou d'autres civilisations bien différentes de la nôtre triomphent ou font preuve d'un prosélytisme agressif n'est pas tenable. Notre développement économique s'est fait, depuis des centaines d'années, sur la cohésion de notre nation autour de grands principes et sur la solidarité de destin entre des personnes qui ont décidé de vivre ensemble, comme disait Renan. Cette particularité est totalement différente de l'approche identitaire de la Chine, qui se voit une race homogène et se vit héritière, au sens des liens du sang, de l'Empereur jaune. Rien de tel en France où notre tradition est une tradition d'assimilation et d'intégration autour de valeurs communes et de grands choix de société. Ces choix ne sont pas tous de nature spirituelle, mais parfois très pragmatiques. Nous avons une conscience collective et un goût pour l'égalité qui nous a poussé à développer un système inédit de protection sociale là où, par exemple, l'esprit de conquête et l'individualisme américain expliquent la répugnance intime à se voir imposer des choix collectifs par l'Etat fédéral, comme l'obligation d'adhérer à une assurance maladie. Notre esprit jacobin explique aussi notre goût pour les grands choix collectifs et les décisions administrées, pour le meilleur et pour le pire, là où des pays plus récents comme l'Allemagne se sentent intrinsèquement fédéraux. Et pourtant, Dieu – et Johann Fichte[89] un peu après lui – sait si la langue allemande constitue un lien indéfectible entre les citoyens de ce pays, bien plus que la langue française dans notre pays.

Notre identité est une chance car elle apporte de la cohésion sociale et aide à renforcer les liens entre les individus, et à concilier le succès individuel, fruit de notre tradition libérale, et la protection des plus faibles ou de ceux qui connaissent des accidents de la vie. Notre identité et nos valeurs nous poussent également à vouloir être devant, en tête. C'est louable et il n'y a pas vraiment de gloire à chercher à rester indifférencié, ou à croire que la médiocrité peut être un choix rationnel. Ce sont ces traits de caractère qui ont poussé le général de Gaulle à refuser le déclin et à exiger le sursaut d'orgueil qui nous a, contre le sens de l'Histoire, placé parmi les vainqueurs de la Seconde Guerre Mondiale, puis à nous faire prendre la tête de

---

[89] Philosophe allemand du 19ème siècle, célèbre pour son discours à la Nation allemande.

la construction européenne, grâce au rapprochement historique avec Adenauer. Aucun président après le Général ne modifia d'un iota cette approche, ni Georges Pompidou avec Willy Brandt, ni Valéry Giscard d'Estaing avec Helmut Schmidt, ni François Mitterrand avec Helmut Kohl, ni Jacques Chirac avec Gerhart Schröder, ni Nicolas Sarkozy avec Angela Merkel. Nous sommes un peuple à la jonction entre le monde latin et l'Europe du Nord et nous empruntons aux deux opposés. D'un côté, notre esprit festif et notre goût pour le farniente, qui nous a poussé aux pires erreurs économiques comme on l'a vu. De l'autre côté notre rigueur et notre approche rationnelle des problèmes. Cela nous a permis d'être à la fois un pays industriel et scientifique de premier plan et un pays de culture, où l'on considère que les nourritures de l'esprit valent bien celles du corps, y compris lorsqu'elles s'inspirent de la tradition saltimbanque. Nous raffolons des comédies grasses au théâtre et au cinéma, que même Hollywood peine à copier. Et nous conservons un cinéma d'auteur qui peut être profond, lorsqu'il oublie d'être ennuyeux. Nous sommes la seconde patrie de McDonald's en termes de résultats des restaurants et notre grande cuisine est depuis 2010 inscrite au patrimoine immatériel de l'UNESCO. Nous sommes le pays qui, après les Etats-Unis, place le plus de ses grandes entreprises parmi les 100 plus importantes au monde et nous sommes membre *honoris causa* du « Club Med » des pays du Sud, dégradés et aux piètres performances économiques récentes.

L'association des contraires explique notre esprit frondeur et la difficulté à conduire des réformes en France. Mais cette inertie coupable trouve également sa source dans les discours anesthésiants de responsables publics qui ont trop fait rêver les foules, sans expliquer au peuple que la réalité finit toujours par s'imposer. Nous avons besoin de reconstruire et de protéger notre identité et notre cohésion sociale. Nous avons besoin de conduire des réformes d'ampleur et, pour certains, de consentir des sacrifices qui ne seront pas de moins travailler pour gagner autant, mais bien le contraire. Notre redressement sera à ce prix et sans nous réunir autour de grands principes et autour de la volonté inchangée de vivre ensemble et de continuer à partager une communauté de destin, rien ne sera possible.

Quelques mots pour conclure...

Jusqu'à aujourd'hui, la France a un peu ressemblé au Phoenix, cet oiseau mythique qui avait la particularité de renaître de ses cendres. Plusieurs fois dans son histoire, elle s'est aventurée sur le chemin tortueux de la décadence et de l'abandon, et a semblé glisser vers le gouffre du déclin. Et à chaque fois elle a su se relever et puiser dans sa fierté, dans son travail et son génie – on peut le dire – les moyens de la reconquête. C'est peut-être aussi cela qui explique l'ambivalence de notre caractère, à la fois fiers, pour ne pas dire arrogants, et congénitalement inquiets. Mais si nous devons être effectivement fiers de notre histoire et de notre capacité de rebond, il conviendrait également de ne pas toujours tenter le diable. Notre force et notre place dans le monde proviennent dans une large mesure de notre influence économique, et celle-ci décline. Le rôle de promotion des valeurs humanistes et de liberté que nous nous reconnaissons est d'autant facilité que nous pouvons effectivement apparaître comme des modèles. Or, avec la crise économique, l'endettement massif et les déficits perpétuels, c'est tout notre modèle social qui prend l'eau. Nous tenons à conserver notre accueil généreux des damnés de la Terre, et c'est aussi notre fierté. Mais nous peinons, et c'est un euphémisme, à en assurer l'intendance. Pour nos compatriotes, c'est pareil : nous accordons avec une bonhommie touchante des droits créances – droit au logement, droit à la santé, droit à l'éducation, droit aux vacances, à la culture – et dans notre fougue créatrice, nous oublions simplement d'assurer les moyens de financement de ces droits... Quels têtes en l'air sommes-nous !...

Bien sûr, il n'est jamais simple de réaliser que nous nous sommes trompés, collectivement, sur nos moyens et dans nos choix. Et d'autant moins lorsque les choix partaient, à première vue, d'un bon sentiment. Travailler moins, mieux se soigner, embaucher des infirmières et des enseignants. Cela fait rêver tout le monde. Mais justement, entre le rêve et la réalité, il y a le fossé de la lucidité que nous avons cru pouvoir enjamber. Erreur fatale : nous sommes tombés dans le précipice.

Pourtant, dans notre chute, nous disposons d'une chance insensée, qui devrait nous faire réfléchir. Alors que la quasi-totalité des pays européens souffrent d'une défiance sans précédent de la part des marchés financiers, la France continue à emprunter à des taux historiquement bas. Ces mêmes marchés financiers que nous conspuons à longueur de tribune persistent à nous accorder leur confiance. Au lieu de les vouer aux gémonies, nous devrions presque leur en être reconnaissants et même penauds de les avoir trompés pendant tant d'années, occupés à gaspiller les milliards qu'ils nous prêtaient à taux d'intérêt bas au lieu d'investir pour préparer l'avenir. A l'heure où j'écris ces lignes, la France emprunte à 10 ans à moins de 2,5%. Combien de temps cela durera-t-il ?

Nos avancées sociales sont notre force certainement. Mais nous devons prendre conscience, collectivement, qu'elles sont fictives si elles ne sont pas réellement financées. Et en terme de financement, nous ferions tout aussi bien de reconnaître que les impôts et taxes, qui s'élèvent à 45% du PIB, ne sont plus soutenables en France – il est donc inutile de laisser croire que des trésors cachés resteraient enfouis, chez les riches ou dans les entreprises. Cela fait belle lurette que les gouvernements successifs ont retourné toutes les pierres, même les plus insolites, pour inventer de nouvelles taxes. Nous en avons vu quelques unes. Ajoutons à la liste, pour le plaisir des yeux, l'impôt sur les pylônes électriques, la fameuse taxe sur les fruits et légumes que les producteurs de courgettes français paient, mais qui mystérieusement exonère les importations, la taxe sur les compositions florales, celle sur les passagers maritimes à destination des espaces naturels protégés (1,2 millions d'euros par an) ou encore celle sur les péniches (1 millions d'euros par an)...

Nous devons reprendre notre destin en main et nous adapter aux changements du monde. Nous devons investir dans les technologies du futur, les nouvelles énergies – dont l'énergie nucléaire – et les nouveaux moyens de transports. Nous devons investir massivement dans notre capital humain, dans notre outil de recherche et développement et adapter notre système éducatif et de formation continue au nouveau paradigme du monde dans lequel nous vivons. Les technologies évoluent trop vite désormais pour que nous ne disposions pas d'un système réactif, rapide, vif et qui focalise l'essentiel de ses moyens vers les personnes qui en ont le plus besoin – à savoir les chômeurs et les plus mal formés. Parallèlement, nous devons assurer notre supériorité technologique et faire de la recherche des innovations un mode de vie, au lieu de rechercher le farniente. Enfin, nous devons, autant que faire ce peu, assurer notre indépendance énergétique et sécuriser nos approvisionnements stratégiques et nos débouchés. Nous y avons renoncé pendant trop longtemps par lâcheté et par scrupules. Aucune autre grande puissance ne les partage.

Bien naturellement, certains de ces choix supposeront de nouvelles dépenses publiques. Celles-ci ne doivent pas faire l'objet d'un dogme, ni dans le sens de leur alourdissement systématique et inconsidéré, ni dans l'idée – fausse – que de leur réduction drastique, uniquement, proviendra le salut. De l'argent public, il y en a énormément en France (56,6% du PIB) et il n'est ni interdit de reconnaître son efficacité lorsqu'il est bien dépensé, ni de sabrer dans les dépenses absurdes et clientélistes. Nous en avons vu quelques-unes et la liste exhaustive, si tant est qu'elle soit réalisable, serait bien trop longue pour tenir en quelques pages. Mal dépenser l'argent public est doublement une faute. D'une part cela nuit à l'efficacité économique et sociale du pays, en délaissant certains secteurs stratégiques ou investissements qui sont porteurs d'avenir pour privilégier quelques fantaisies. Mais tout aussi gravement, cela discrédite les choix publics et la légitimité des acteurs publics aux yeux de tous. L'impôt (et les taxes ou cotisations) est par définition un prélèvement obligatoire – même si librement consenti naturellement comme dit la fable – sur le revenu d'un individu. Nul doute que tout un chacun pensera avoir un meilleur emploi de l'argent que l'Etat (ou la Sécurité Sociale et les collectivités locales) lui prélève s'il a la conviction récurrente que ce dernier échoue dans sa tâche. Et il n'est pas non plus illégitime de reconnaître que dans un pays libre, tout un chacun doit pouvoir jouir, librement, d'une partie raisonnable de ses revenus. Avec des prélèvements obligatoires à 45% du PIB, à nouveau, quelles conclusions devons-nous collectivement tirer ? Il n'y a pas de réponse simple à cette question, mais cela n'interdit pas de se la poser…

Finalement, nous ne relèverons la tête qu'en nous assumant tels que nous sommes et tels que nous avons été. Nous sommes issus et avons été à la pointe d'une grande civilisation – la civilisation judéo-chrétienne et européenne. Le refus d'inscrire cette réalité historique en préambule de la constitution européenne a été une faute, et la France n'y fut pas totalement étrangère. La fierté de ce que nous sommes n'est en aucune façon le rejet des autres. Elle est simplement la base de notre vivre-ensemble, de notre identité et de notre mode de vie. Notre identité n'est pas figée mais elle n'est pas non plus une éponge qui se gorgerait de tout ce qu'elle croise.

Retroussons-nous les manches et recréons le pays dans lequel nous voulons vivre !

16256951R00100

Made in the USA
Charleston, SC
11 December 2012